DEIN COACH ZUM ERFOLG!

Dein ActiveBook auf MySTARK:

Du kannst auf alle digitalen Inhalte (Prüfung 2022, Hördateien, interaktive Aufgaben, Videos, „MindCards") online zugreifen. Registriere dich dazu unter **www.stark-verlag.de/mystark** mit deinem **persönlichen Zugangscode:**

C08550-001708

Die Inhalte dieser Auflage stehen bis Schuljahresende zur Verfügung.

Das Active**Book** *bietet dir:*

- MP3-Dateien der Hörtexte
- Lernvideos zum Umgang mit Textaufgaben
- Interaktive Aufgaben zu sprachlichen Grundlagen
- Web-App mit hilfreichen Wendungen

DEIN COACH ZUM ERFOLG!

So kannst du interaktiv lernen:

Interaktive Aufgaben

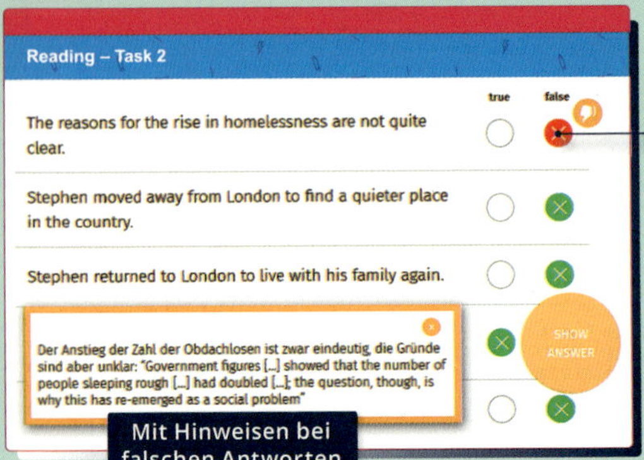

Sofortige Ergebnisauswertung

Mit Hinweisen bei falschen Antworten

Lernvideos

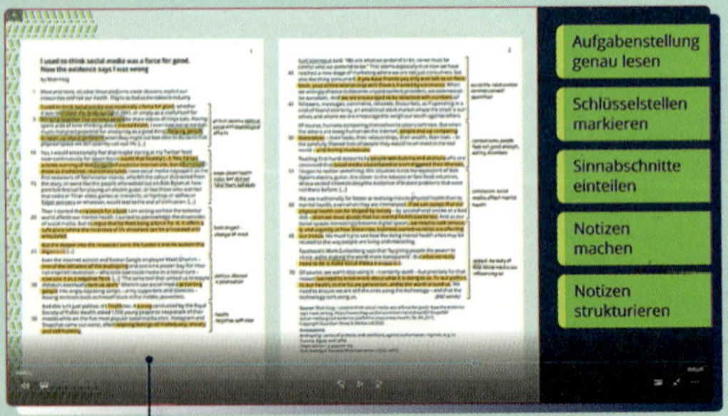

Step-by-Step Hinführung an typische Textaufgaben

Web-App „MindCards“

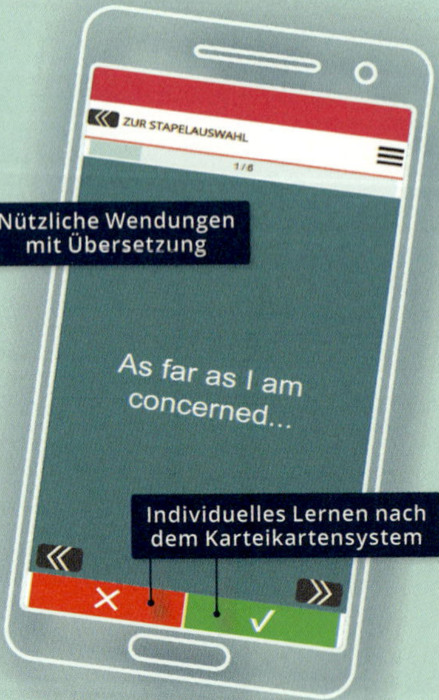

Nützliche Wendungen mit Übersetzung

Individuelles Lernen nach dem Karteikartensystem

Systemvoraussetzungen:

- Mindestens 1024×768 Pixel Bildschirmauflösung
- Chrome, Firefox oder ähnlicher Webbrowser
- Adobe Reader oder kompatibler anderer PDF-Reader
- Internetzugang

Speaking

Writing

2023

Abitur

Original-Prüfungsaufgaben
mit Lösungen

Gymnasium Baden-Württemberg

Englisch LF

STARK

© 2022 Stark Verlag GmbH
20. ergänzte Auflage
www.stark-verlag.de

Inhaltsverzeichnis

Übungsaufgaben Mediation

Original-Prüfungsaufgaben

Sobald die Original-Prüfungsaufgaben 2022 freigegeben sind, können sie als PDF auf der Plattform MyStark heruntergeladen werden (Zugangscode vgl. Farbseiten vorne im Buch).

Sollten nach Erscheinen dieses Bandes noch wichtige Änderungen in der Abiturprüfung 2023 vom Kultusministerium bekannt gegeben werden, finden Sie aktuelle Informationen dazu ebenfalls auf der Plattform MyStark (Zugangscode vgl. Farbseiten).

Audio-Dateien

Hörverstehen Übungsaufgabe 1
Hörverstehen Übungsaufgabe 2
Hörverstehen Übungsaufgabe 3
Hörverstehen Übungsaufgabe 4
Hörverstehen Übungsaufgabe 5
Abiturprüfung 2021
Abiturprüfung 2022

Auf die Audio-Dateien können Sie ebenfalls über die Plattform MyStark zugreifen.

Autorinnen und Autoren

Hinweise und Tipps: Andrea Bailer, Sonja Corleis, Dr. Dirk Großklaus, Rainer Jacob, Elena Nowitzki
Lösungen schriftl. Abiturprüfungen (Textaufgaben) und Übungsaufgabe 5 (Textaufgabe): Dr. Dirk Großklaus
Lösungen Abiturprüfung 2021 (Hörverstehen): Dorothée Just
Lösungen Übungsaufgaben 1 bis 3 (Hörverstehen): Dr. Andrea Pelmter
Übungsaufgabe 4 (Hörverstehen): Paul Jenkinson
Übungsaufgabe 5 (Hörverstehen): Constantin Rieske
Übungsaufgabe 1 (Textaufgabe): Andrea Bailer, Elena Nowitzki
Übungsaufgaben 2 bis 4 (Textaufgabe): Rainer Jacob
Übungsaufgabe 1 (Mediation): Christian Fischer
Übungsaufgabe 2 (Mediation): Mareike Hasselmann
Übungsaufgabe 3 (Mediation): Redaktion

Vorwort

Liebe Schülerin, lieber Schüler,

bald werden Sie Ihre Abiturprüfung im Leistungsfach Englisch ablegen. Wir begleiten Sie auf Ihrem Weg zu einem guten Abschluss und helfen Ihnen, sich mit den Anforderungen des Abiturs in Baden-Württemberg vertraut zu machen.

In diesem Band finden Sie verschiedene Möglichkeiten, sich auf die **schriftliche Abiturprüfung** und auf die **Sprachmittlungsklausur** in der Kursphase vorzubereiten:

- Im Kapitel „**Hinweise und Tipps zum Abitur**" sind wichtige Fakten zum Abitur im Leistungsfach Englisch zusammengefasst. Außerdem finden Sie hier wertvolle Tipps zu den **Prüfungs- und Aufgabenformen** sowie eine **Liste von Operatoren**.
- Mit den **abiturähnlichen Übungsaufgaben** können Sie für die Prüfung trainieren. Alle Sets bestehen – genau wie Ihre Prüfung auch – aus einem **Hörverstehensteil** und einer **Textaufgabe**. Zugriff auf die dazugehörigen Audio-Dateien erhalten Sie über die Plattform „MyStark" (vgl. Farbseiten zu Beginn des Buches). Die Textaufgaben sind auf das **Schwerpunktthema** „The Ambiguity of Belonging" abgestimmt. Mithilfe der unterschiedlichen Aufgabenstellungen zum Roman *Crooked Letter, Crooked Letter* und zum Film *Gran Torino* können Sie zentrale analytische Aspekte des Pflichtkanons erarbeiten. Auf das Schwerpunktthema sowie auf weitere abiturrelevante Inhalte können Sie sich optimal mit unserem „**AbiturSkript – Englisch – Baden-Württemberg**" (Bestell-Nr.: 8546S2) vorbereiten.
- Darüber hinaus finden Sie in diesem Buch auch drei **Übungsaufgaben zur Mediation**, mit denen Sie für Ihre Sprachmittlungsklausur trainieren können.
- Die **Original-Prüfungen 2019 bis 2022** (2022 digital auf MyStark) zeigen Ihnen, wie die Aufgabenformen im Abitur jeweils umgesetzt wurden.
- Zu jeder Aufgabe haben unsere Autorinnen und Autoren vollständig auf Englisch ausformulierte **Lösungen** erstellt. Die **Bearbeitungshinweise** helfen Ihnen bei der Erstellung und Überprüfung von eigenen Lösungen.

Viel Erfolg bei Ihrer Abiturprüfung!

Hinweise zu den digitalen Zusätzen

Auf alle digitalen Zusätze können Sie online über die Plattform **MyStark** zugreifen. Ihren persönlichen Zugangscode finden Sie auf den Farbseiten vorne im Buch.

PDF der Original-Prüfungsaufgaben 2022

Um Ihnen die Prüfung 2022 schnellstmöglich zur Verfügung stellen zu können, bringen wir sie in digitaler Form heraus.
Sobald die Original-Prüfungsaufgaben 2022 freigegeben sind, können sie als PDF auf der Plattform MyStark heruntergeladen werden.

Lernvideos

Textaufgaben sind Teil vieler Prüfungen und Klausuren – und machen oft einen Großteil der Prüfungsleistung aus. Mithilfe der **Lernvideos zum richtigen Umgang mit Textaufgaben** können Sie sich optimal auf die Anforderungen in diesem Bereich vorbereiten. Am Beispiel von zwei Texten mit je drei Aufgabenstellungen wird gezeigt, wie man an Textaufgaben herangeht und sie erfolgreich löst.

Die Lernvideos beinhalten:

- **Schritt-für-Schritt-Anleitungen** zum richtigen Vorgehen anhand exemplarischer Aufgabenstellungen
- **Sachtext** und **literarischer Text** als Grundlage
- nützliche Hinweise zu **häufigen Operatoren** und **Zieltextsorten**

MP3-Dateien

Über die Plattform **MyStark** können Sie sich außerdem die Hörverstehenstexte der Übungsaufgaben sowie der Abiturprüfungen 2021 und 2022 anhören und zum Offline-Gebrauch herunterladen.

Interaktive Aufgaben – „ActiveBook"

Im **ActiveBook „Basic Language Skills"** erhalten Sie Zugriff auf zahlreiche **interaktive Aufgaben** zu Grundlagen wie **Hörverstehen**, **Leseverstehen** und **Sprachverwendung im Kontext**. Dies sind ganz wichtige „Basics", die Sie für eine gute Sprachbeherrschung brauchen.

Das ActiveBook „Basic Language Skills" bietet Ihnen:

- „**Listening**" – authentische Audiodateien mit vielfältigen Aufgaben, die Ihr Hörverstehen testen
- „**Reading**" – abwechslungsreiche Lesetexte und dazugehörige Aufgaben
- „**English in Use**" mit gemischten Aufgaben rund um den Gebrauch der englischen Sprache
- Alle Aufgaben sind interaktiv, d. h., Sie können sie direkt am PC oder Tablet bearbeiten und erhalten sofort eine Rückmeldung zu Ihren Antworten.

Web-App „MindCards"

Mit der Web-App „**MindCards**" können Sie am Smartphone Vokabeln lernen. Auf diesen interaktiven Karteikarten finden Sie hilfreiche Wendungen, die Sie beim Schreiben von Texten oder im mündlichen Sprachgebrauch einsetzen können.
Scannen Sie einfach die QR-Codes oder verwenden Sie folgende Links, um zu den „MindCards" zu gelangen:
https://www.stark-verlag.de/mindcards/writing-2
https://www.stark-verlag.de/mindcards/speaking-2

Writing

Speaking

Übersicht über Aufgabentypen

Aufgaben mit Bezügen zum aktuellen Pflichtkanon

Spezielle Aufgabenformate

Auszüge aus literarischen Werken

HINWEISE UND TIPPS

Hinweise und Tipps zum Abitur

Allgemeine Hinweise und Tipps zum Abitur

Die schriftliche Abiturprüfung im Leistungsfach Englisch wird durch eine Kommunikationsprüfung ergänzt. Zudem gibt es in der Kursstufe eine verpflichtende Sprachmittlungsklausur.
Die Aufgaben in diesem Buch beziehen sich hauptsächlich auf die schriftliche Abiturprüfung. Außerdem können Sie sich mithilfe von drei Übungsaufgaben auf die Mediationsklausur vorbereiten.

Die schriftliche Abiturprüfung

Die schriftliche Abiturprüfung im Leistungsfach Englisch umfasst einen **Hörverstehensteil** sowie eine zweiteilige Textaufgabe, bestehend aus ***Comprehension*** (Leseverstehen) und einem textproduktiven Teil, der sich wiederum in die Bereiche ***Analysis*** (Textanalsye) und ***Composition*** (Kommentar/Schreibaufgabe) aufspaltet.

Bearbeitungszeit und erlaubte Hilfsmittel

Die schriftliche Prüfung im Fach Englisch dauert 240 Minuten, wovon 30 Minuten auf den Hörverstehensteil entfallen. In den restlichen 210 Minuten ist auch die Zeit eingerechnet, die Sie benötigen, um sich während der Prüfung zwischen alternativen Aufgaben zu entscheiden.
Als Hilfsmittel stehen Ihnen ein einsprachiges und ein zweisprachiges **Wörterbuch** sowie ein Nachschlagewerk zur deutschen Rechtschreibung zur Verfügung.

Prüfungsinhalte und Ablauf

Prüfungsteil Hörverstehen
Ihre Prüfung beginnt mit dem Hörverstehensteil. Hier werden Ihnen mehrere authentische Hörtexte in der Fremdsprache vorgespielt, zu denen Sie nach jeweils zweimaligem Anhören **geschlossene und halboffene Fragestellungen** beantworten müssen (vgl. hierzu die möglichen Aufgabenformate auf S. VIII/IX). Ein Einzeltext sollte fünf

Minuten nicht überschreiten und meistens wird Ihre Prüfung aus drei bis vier voneinander unabhängigen Hörtexten bestehen. Die Texte stammen aus verschiedenen thematischen Bereichen, wie beispielsweise Politik, Zeitgeschichte, Kultur oder Lebenswelt von Jugendlichen und können Reden, Radiobeiträge, Diskussionen, Gespräche oder Interviews sein. Ein Bezug zum Schwerpunktthema muss nicht gegeben sein. Die authentischen Aufnahmen können Herausforderungen aufweisen, die das Hörverstehen erschweren (z. B. Hintergrundgeräusche, wechselndes Sprechtempo, von der Standardsprache abweichende Varietäten). Nach 30 Minuten ist der Hörverstehensteil der Prüfung beendet und die dazugehörigen Aufgaben werden eingesammelt, sodass Sie sich nun voll und ganz auf den zweiten Prüfungsteil, die Textaufgabe, konzentrieren können.

Prüfungsteil Textaufgabe – Leseverstehen
Thematisch bezieht sich dieser Teil Ihrer Prüfung vorwiegend auf das **Schwerpunktthema**. Das geltende Schwerpunktthema lautet „**The Ambiguity of Belonging**“. Der dazugehörige Pflichtkanon umfasst Tom Franklins Roman *Crooked Letter, Crooked Letter* sowie Clint Eastwoods Film *Gran Torino*. Darüber hinaus können in einzelnen Aufgaben auch weitere landeskundliche Themengebiete angesprochen werden. Stellen Sie sich darauf ein, dass Sie für die Prüfung gute Kenntnisse in beiden Bereichen benötigen. Für die inhaltliche Vorbereitung empfehlen wir das „AbiturSkript Englisch Baden-Württemberg“ (Bestellnr. 8546S2). Darin finden Sie umfassende Informationen zu *Crooked Letter, Crooked Letter* und *Gran Torino* sowie zu weiteren prüfungsrelevanten Aspekten des Schwerpunktthemas und anderer landeskundlicher Bereiche.
Ihnen wird ein englischer Text vorgelegt, der thematisch in Bezug zum Schwerpunktthema steht. Es kann sich sowohl um einen Sachtext als auch um einen literarischen Text handeln, allerdings wird es kein Ausschnitt aus einem der im Rahmen des Schwerpunktthemas behandelten Werke sein. In den Aufgaben des Prüfungsteils ***Comprehension*** wird geprüft, ob Sie den Text verstanden haben. Im Abschnitt „Prüfungs- und Aufgabenformen“ können Sie genauer nachlesen, was Sie in diesem Prüfungsteil erwartet und wie Sie sich darauf vorbereiten können.

Prüfungsteil Textaufgabe – Textproduktion
Der finale Teil Ihrer Prüfung widmet sich der Textproduktion. Sie ist in zwei Teilbereiche gegliedert, eine **Analyseaufgabe *(Analysis)*** und einen **Kommentar** bzw. eine **interpretierende Schreibaufgabe *(Composition)***. Bei der Analyseaufgabe gibt es grundsätzlich zwei Möglichkeiten. Entweder bezieht sich diese auf den Text, den Sie bereits in der Leseverstehensaufgabe bearbeitet haben, oder die Aufgabe ist durch weiteres Material ergänzt. Hierbei handelt es sich entweder um einen weiteren kurzen Text, um ein Foto oder um eine Grafik. Häufig werden Sie Material A (den Leseverstehenstext) und Material B (eine weitere Vorlage) zueinander in Bezug setzen müssen. Oftmals muss in dieser Aufgabe auch ein Bezug zu einem der im Rahmen des Schwerpunktthemas behandelten Werke hergestellt werden. Informationen dazu, wie Sie eine Analyseaufgabe am besten bearbeiten, finden Sie im Abschnitt „Prüfungs- und Aufgabenformen“.
Im zweiten Bereich der Textproduktion können Sie zwischen zwei Aufgaben wählen. Eine davon bezieht sich auf das Schwerpunktthema, die andere behandelt – häufig in

Verbindung mit einem Bild- oder Textimpuls – ein Thema aus dem landeskundlichen Bereich.
Oft müssen Sie einen eher sachlichen Kommentar oder eine klassische Textinterpretation verfassen. Es kann jedoch auch ein situativer Rahmen geschaffen werden. Sie müssen dann beispielsweise einen Brief oder einen Tagebucheintrag formulieren, der sich auf den Roman oder den Film aus dem Schwerpunktthemenbereich bezieht. Es wird von Ihnen erwartet, dass Sie das Bezugsmaterial in Ihrer Lösung interpretieren. Dies setzt eine gute Kenntnis und ein tiefer gehendes Verständnis der Vorlagen voraus. Auch ein landeskundliches Thema kann kreativ eingebettet sein. Es ist beispielsweise möglich, dass Sie einen Leserbrief oder eine Rede verfassen müssen. Auch hierzu finden Sie weitere Bearbeitungs- und Vorbereitungshinweise im Abschnitt „Prüfungs- und Aufgabenformen".
Achtung: Bearbeiten Sie in eigenem Interesse wirklich nur eine der beiden Aufgaben aus dem Prüfungsteil *Composition*. Sollten beide Aufgaben bearbeitet sein, wird nur eine davon bewertet, in der Regel die erste.

Leistungsbewertung

Der **Hörverstehensteil** fließt mit **20 %**, die **Textaufgabe** mit **55 %** in Ihre Gesamtnote ein (die restlichen 25 % entfallen auf die Kommunikationsprüfung). Je nach Anzahl der Aufgaben im Hörverstehensteil können Sie in diesem Teil Ihrer Prüfung unterschiedlich viele Bewertungseinheiten erreichen. Diese werden anschließend prozentual auf die Notenskala von 0 bis 15 Punkten umgerechnet. In der **Textaufgabe** können Sie bis zu 60 Punkte erzielen. Zehn Punkte gibt es auf die Aufgaben im Bereich der *Reading Comprehension* (zählt zum inhaltlichen Bereich). Für die zwei Aufgabenbereiche der Textproduktion (Analyse und Kommentar/Schreibaufgabe) können Sie jeweils 10 Punkte auf den inhaltlichen Bereich und 15 Punkte auf die Sprache bekommen. Auch Ihr Ergebnis in diesem Bereich wird auf die Skala von 0 bis 15 Punkten umgerechnet. Ihre Punktzahlen bestimmten dann also je nach Wertigkeit Ihre Gesamtnote.

Insgesamt werden bei der Textaufgabe die folgenden Aspekte beurteilt:
- Werden die gestellten Aufgaben umfassend beantwortet?
- Werden die Regeln für die jeweilige Textsorte erfüllt?
- Ist der Text logisch und übersichtlich strukturiert?
  Werden *connectives* (Konjunktionen und verknüpfende Wendungen) verwendet?
- Ist die Wortwahl stilistisch angemessen? Wie umfangreich ist der Wortschatz?
- Ist die Syntax grammatikalisch richtig und abwechslungsreich?
- Beherrscht der Prüfling die Grundregeln der englischen Grammatik?
- Werden die orthografischen Regeln befolgt?

Die Kommunikationsprüfung

In einer globalisierten Welt nimmt nicht nur die Bedeutung der englischen Sprache als Schriftsprache zu, es wird auch zunehmend wichtiger, dass man mündlich in der Lage ist, in der Fremdsprache zu kommunizieren. Um die Bedeutung des mündlichen Sprachgebrauchs zu würdigen, müssen Sie neben der schriftlichen Prüfung auch eine Kommunikationsprüfung ablegen.

Bearbeitungszeit und erlaubte Hilfsmittel

Zunächst haben Sie 15 Minuten Vorbereitungszeit. Der zeitliche Rahmen der eigentlichen Prüfung hängt von der Anzahl der Prüflinge ab. Die Einzelprüfung dauert etwa 15 Minuten, die Tandemprüfung mindestens 20 Minuten.

Als Hilfsmittel liegen Ihnen ein **ein-** und ein **zweisprachiges Wörterbuch** vor. Verwenden Sie diese aber nur dann, wenn Ihnen inhaltliche Aspekte des Materials oder der Aufgabenstellung, die Sie als wichtig einschätzen, unklar sind. Sie haben für die Vorbereitung nur begrenzt Zeit! Nutzen Sie diese, um sich hilfreiche **Notizen** zu Aspekten zu machen, die Sie in der Prüfung verwenden können. Die Notizen sollten stichpunktartig und kurz gefasst sein. Sie dienen Ihnen lediglich als Hilfe für eine inhaltliche Gliederung Ihres Vortrags/des Dialogs. Um sich sprachlich auf das einzustellen, was Sie gerne sagen möchten, können Sie einzelne Aspekte bereits im Kopf formulieren. Da Sie in der Prüfung frei sprechen müssen, ist es nicht sinnvoll, alles genau aufzuschreiben.

Prüfungsinhalte und Ablauf

Die Kommunikationsprüfung wird als **Einzel-** oder **Tandemprüfung** abgehalten. Ob Sie lieber alleine oder mit einem Partner oder einer Partnerin geprüft werden wollen, ist Ihre Entscheidung.

Thematisch orientiert sich die Prüfung an den Inhalten, die laut Bildungsplan im Unterricht behandelt werden müssen. Auch das Schwerpunktthema kann Bestandteil der Prüfung sein. Ähnlich wie bei der schriftlichen Prüfung wird Ihnen als Impuls jedoch kein Ausschnitt aus der im Rahmen des Schwerpunktthemas behandelten Lektüre oder aus dem behandelten Film vorgegeben, sondern lediglich Material, das thematisch Bezug darauf nimmt. Besprechen Sie mit Ihrem Lehrer bzw. Ihrer Lehrerin, auf welche Themen Sie sich gezielt vorbereiten können.

In der **fünfzehnminütigen Vorbereitungszeit** werden Ihnen **Impulse in englischer Sprache** vorgelegt. Es kann sich bei den Impulsen um schriftlich ausgeführte Texte oder bildliche Impulse (Grafiken, Diagramme, Karikaturen, Bilder …) handeln, es kann Ihnen aber auch ein Hörtext oder eine kurze Filmsequenz gezeigt werden. Erkundigen Sie sich vor der Prüfung, auf welche Art von Materialien Sie sich einstellen müssen. Gemeinsam mit dem Impuls erhalten Sie Aufgaben und evtl. Hinweise für den monologischen und dialogischen Teil der Prüfung. Der zusätzliche Einsatz von deutschsprachigen Texten in der Prüfung im Rahmen einer Mediationsübung ist möglich.

Unabhängig davon, ob Sie sich für eine Einzel- oder eine Tandemprüfung entschieden haben, gliedert sich die Prüfung in zwei Abschnitte: das monologische und das dialogische Sprechen. Am Anfang der Prüfung steht das **monologische Sprechen** (etwa 5 Minuten pro Teilnehmer*in). Hier tragen Sie die Ergebnisse, die Sie zu der entsprechenden Aufgabe gesammelt haben, möglichst zusammenhängend vor. Falls Sie doch einmal ins Stocken geraten, lassen Sie sich nicht verunsichern. Versuchen Sie auf die Hilfestellung, die Ihre Lehrkraft Ihnen gibt, einzugehen und zu Ihrem Vortrag zurückzukommen. In der Tandemprüfung sehen Sie jetzt bereits das Material Ihres Tandempartners bzw. Ihrer Tandempartnerin. Es ist wichtig, dass Sie genau zuhören, da das monologische Sprechen in das dialogische Sprechen übergeht und Sie hier wichtige Aspekte, die Ihr Gegenüber genannt hat, aufgreifen können.
Der zweite Teil der Prüfung ist dem **dialogischen Sprechen** gewidmet. Bei der Einzelprüfung erfolgt das Gespräch mit der Lehrkraft, bei der Tandemprüfung mit dem Tandempartner bzw. der Tandempartnerin. Achten Sie im dialogischen Teil der Prüfung (etwa 10 Minuten) auf ausgewogene Redeanteile. Ist Ihre Tandempartnerin sehr wortkarg, dann fragen Sie sie gezielt nach ihrer Meinung oder nach Aspekten, die sie in ihrem Vortrag genannt hat. Lässt Ihr Diskussionspartner Sie nicht zu Wort kommen, dürfen Sie ihn durchaus (höflich!) unterbrechen. Auch eine geschickte Gesprächsführung fließt in die Beurteilung mit ein. Wenn das Gespräch ins Stocken gerät oder sich von der Aufgabenstellung wegbewegt, kann Ihre Lehrkraft helfend eingreifen.
Auch zur Kommunikationsprüfung finden Sie noch weitere hilfreiche Tipps und Vorbereitungshinweise im Abschnitt „Prüfungs- und Aufgabenformen“.

Leistungsbewertung

Die schriftliche Prüfung und die Kommunikationsprüfung fließen im Verhältnis 3:1 in Ihre Abiturnote ein. Die Kommunikationsprüfung macht nämlich 25 % Ihrer Gesamtnote aus, die restlichen 75 % entfallen auf Hörverstehen und Textaufgabe.
Die Beurteilung der **Kommunikationsprüfung** ist in drei Teilbereiche gegliedert: Aufgabenerfüllung und Inhalt, Strategie und interaktive Gesprächsfähigkeit sowie sprachliche Leistung. Auch hier gilt die Notenskala von 0 bis 15 Punkten für die Bewertung. Wenn Sie im Bereich der Sprache viele Fehler machen, können Sie dies zum Teil durch eine gute inhaltliche Argumentation und geschickte Gesprächsführung ausgleichen und umgekehrt. Wird einer der drei Teilbereiche mit der Note „ungenügend“ bewertet, können Sie insgesamt maximal 3 Punkte erreichen.

Prüfungs- und Aufgabenformen

Im folgenden Kapitel finden Sie zu den Prüfungs- und Aufgabenformen, die Ihnen in Ihrem Abitur oder auch in Oberstufenklausuren begegnen können, wichtige Informationen. Diese sollen Ihnen die Vorbereitung auf diese Aufgabenformen erleichtern und Ihnen Strategien für deren Bearbeitung an die Hand geben.

Kommunikationsprüfung

Wichtige Fakten

Art der Prüfung:	Ergänzung zur schriftlichen Abiturprüfung
Zeitpunkt:	Prüfungszeitpunkt von der Schule festgelegt, kann vor oder nach der schriftlichen Abiturprüfung sein
Prüfungsaufbau:	Vorbereitungszeit und Prüfungsgespräch (bestehend aus monologischem und dialogischem Teil)

Tipps zur Vorgehensweise

Während der 15-minütigen **Vorbereitungszeit**, die Sie in einem separaten Raum verbringen, sollten Sie sich mit dem Material und den Aufgaben auseinandersetzen, die Sie erhalten haben. Nutzen Sie diese Zeit, um

- das Material zu verstehen. Unabhängig davon, ob es sich um einen kurzen Text, ein Bild, einen Cartoon, eine Statistik o. Ä. handelt, sollten Sie versuchen, es in größere **Themenzusammenhänge** einzuordnen. Das hilft Ihnen, Ihr Vorwissen zu aktivieren und in Ihrem Monolog vorbereitet bzw. im Dialog spontan darauf zurückzugreifen.
- **sinnvolle** Notizen zu machen. Die Aufgabenstellungen leiten Sie, weil sie Ihnen genau vorgeben, welche Aspekte Sie behandeln sollten. Fassen Sie sich allerdings kurz und verwenden Sie lieber übersichtliche Strukturierungen wie Tabellen, Mindmaps oder Stichpunkte, anstatt einen Fließtext für Ihren Vortrag zu erstellen. Abgesehen davon, dass die 15 Minuten nicht ausreichen werden, um sämtliche Punkte, die Sie behandeln wollen, ausführlich niederzuschreiben, wird es nicht als positiv bewertet, wenn Sie einen komplett ausgearbeiteten Text nur ablesen. Stattdessen sollen Sie möglichst frei sprechen und spontan auf Nachfragen Ihrer Lehrkraft oder Ihres Mitprüflings reagieren können.

Für Ihren etwa 5-minütigen monologischen Vortrag sollten Sie die folgenden Punkte beachten:

- Sprechen Sie **strukturiert** und gehen Sie genau auf die Aufgabenstellung ein. Hierbei helfen Ihnen Ihre vorher erstellten Notizen sowie an passenden Stellen eingesetzte sogenannte *connectives*, die Ihre Aussagen gliedern und Ihrem Publikum das Zuhören erleichtern.

- Achten Sie darauf, **Blickkontakt** mit Ihrem Publikum herzustellen und nicht an Ihren Notizen zu „kleben". Auch die **Körpersprache** kann ein entscheidender Faktor sein: Dass Sie aufgeregt sind, ist in einer Prüfungssituation ganz natürlich, aber denken Sie daran, dass Sie gut vorbereitet sind, und treten Sie deshalb möglichst selbstbewusst, freundlich und offen auf.

In einer Tandemprüfung hören Sie anschließend bzw. vor Ihrem eigenen Vortrag den 5-minütigen Monolog Ihres Partners bzw. Ihrer Partnerin. Dabei sollten Sie

- **aufmerksam zuhören** und sich Notizen machen.
- in Ihren **Notizen** besonders relevante Stellen markieren, auf die Sie später im Dialog eingehen wollen.

Während des 10-minütigen Dialogs, den Sie mit Ihrer Lehrkraft oder Ihrem Mitprüfling führen, ist es wichtig, dass Sie

- auf Ihre*n Gesprächspartner*in eingehen. Es geht nicht nur darum, dass Sie möglichst viele zu Ihrer Aufgabenstellung passende Inhalte nennen, sondern vor allem darum, dass Ihre **Gesprächsführung** geschickt und ausgewogen ist.
- möglichst **gelassen und höflich** bleiben, auch wenn Sie zu geäußerten Thesen eine andere Meinung haben. Sie dürfen ruhig die eine oder andere umgangssprachliche Wendung einfließen lassen, schließlich soll es sich um ein „natürliches" Gespräch handeln. Dennoch sollten Sie insgesamt formales und vor allem korrektes Englisch verwenden.

Hilfreiche Wendungen

In Ihrem monologischen Vortrag können Sie die folgenden Textbausteine anwenden:

- *I would like to speak about* …
- *To start with, I'll* …
- *Firstly, …, secondly, …, thirdly, …, finally,* …
- *Last but not least,* …
- *We must also take into account* …
- *The next point to be considered* …
- *Another argument we shouldn't forget is that* …
- *In conclusion,* …

Für den Dialog bieten sich die folgenden Ausdrücke an, um auf Ihre*n Gesprächspartner*in einzugehen und Ihre Meinung auszudrücken:

- *Have I understood you correctly* …?
- *As you/I said before,* …
- *Could you please explain that in a bit more detail?*
- *I agree with you on the point that* …
- *I'm sorry to disagree, but I think* …
- *What is your opinion on* …?
- *Maybe a compromise would be to say that* …

Vorbereitung auf diesen Prüfungsteil

Auf den mündlichen Teil der Abiturprüfung können Sie sich in **sprachlicher** und **inhaltlicher** Hinsicht vorbereiten. Zudem sollten Sie auch **methodische/strategische** Aspekte wie das Halten eines Monologs und das spontane Gespräch mit einem Partner bzw. einer Partnerin trainieren. In jedem Fall hilft alles, was Ihnen die Scheu nimmt, in der Fremdsprache zu reden. Nutzen Sie die Unterrichtszeit, indem Sie sich häufig beteiligen. Aber suchen Sie auch in Ihrer Freizeit Möglichkeiten, **auf Englisch zu kommunizieren**. Auch wenn Sie keine internationalen Kontakte haben, können Sie in Ihrem Freundeskreis beispielsweise einen Tag festlegen, an dem Sie sich nur auf Englisch unterhalten. Sobald festgelegt wurde, mit wem Sie die Prüfung gemeinsam ablegen werden, bietet sich eine gemeinsame Vorbereitungszeit an, in der Sie die Prüfungssituation simulieren. Für die sprachliche Vorbereitung hilft es außerdem, sich einige **Floskeln und Formulierungen**, beispielsweise zur Bildbeschreibung und zur Reaktion auf Aussagen Ihres Gegenübers (Zustimmen, Ablehnen etc.) zurechtzulegen. Hier können Sie auch die „**MindCards**" (vgl. QR-Code vorne im Buch) nutzen, interaktive Vokabelkärtchen mit vielen hilfreichen Wendungen, die Sie in einem Prüfungsgespräch gebrauchen können. Inhaltlich sollten Sie sich mit dem Schwerpunktthema und den Pflichtwerken gut auskennen und sich über aktuelle und im Unterricht besprochene landeskundliche Themen auf dem Laufenden halten.

Hörverstehen

Wichtige Fakten

Prüfungsteil:	Teil I Ihrer schriftlichen Abiturprüfung
Prüfungsablauf:	mehrere maximal fünfminütige Hörverstehenstexte, die je zweimal angehört werden und zu denen geschlossene und halboffene Fragen beantwortet werden müssen

Mögliche Aufgabenformate

1. ***multiple choice questions***
   Bei Multiple-Choice-Aufgaben müssen Sie häufig einen gegebenen Satzanfang vollenden, indem Sie aus mehreren Möglichkeiten die zum Hörtext passende auswählen. Ihnen wird üblicherweise vorgegeben, ob es nur eine richtige Lösung gibt oder ob Sie alle zutreffenden Antworten ankreuzen sollen.

2. ***true or false?***
   Hier sollen Sie auswählen, ob ein vorgegebener Satz richtig oder falsch ist. Es ist dabei sehr wichtig, die Aussagen und den Text genau zu vergleichen. Oft sind es geringfügige Details, die eine auf den ersten Blick als richtig erscheinende Aussage im Text doch widerlegen.

3. ***complete the sentence/fill in the gap(s)/short answer questions***
   Hierbei handelt es sich um halboffene Fragestellungen. Sie müssen Sätze mit Informationen aus dem Hörtext vervollständigen, einen Lückentext ergänzen oder kurze Fragen zum Text beantworten. Da es nicht darum geht, Ihre produktiven Schreibfähigkeiten zu testen, sondern bloßes Verstehen abgefragt werden soll, müssen Sie normalerweise nur wenige Wörter schreiben und sprachliche Fehler werden nur gewertet, wenn sie sinnentstellend sein sollten.
4. ***put in the correct order***
   Sie müssen angeben, in welcher Reihenfolge bestimmte Informationen im Text aufeinanderfolgen.
5. ***matching***
   Zuordnungsaufgaben können recht vielfältig sein. Zum Beispiel kann es Ihre Aufgabe sein, Satzanfänge den richtigen Satzenden, Meinungen oder Charaktereigenschaften den vorkommenden Personen oder Überschriften den passenden Textabschnitten zuzuordnen.

Tipps zur Vorgehensweise

Da die Zeit während des Hörens sehr knapp ist und das Zuhören Ihre volle Konzentration erfordert, ist es essenziell, sich die Aufgaben vorher sehr genau durchzulesen, das Thema zu erfassen und sich so eventuelle Antwortmöglichkeiten schon vorher zu überlegen. Hilfreich kann es auch sein, **Signalwörter** in den Aufgaben zu markieren. So wissen Sie am ehesten, welche Abschnitte des Hörtextes für welche Aufgaben relevant sind. Wichtig ist dennoch, sich nicht vorschnell auf scheinbar eindeutige Lösungen festzulegen und vor allem beim zweiten Hören sehr genau zuzuhören, da oft Details darüber entscheiden, ob eine Antwort richtig oder falsch bzw. welche von mehreren Antwortmöglichkeiten die richtige ist.

Insgesamt sollten Sie also alle **Phasen der Hörverstehensprüfung** sinnvoll nutzen: die **Einlesephase** zur Vorbereitung, **das erste Hören und Bearbeiten**, um den Text generell zu verstehen und um die Aufgaben, die Ihnen leichtfallen, bereits zu erledigen, **das zweite Hören und Bearbeiten** dann zum Überprüfen Ihrer Lösungen bzw. um noch einmal gezielt auf Stellen zu achten, die Sie vorher noch nicht verstanden haben. Wichtig ist, dass Sie während des Hörens nicht zu lange bei einer Aufgabe verharren und somit riskieren, auch die folgenden Lösungen zu verpassen. Das **Wörterbuch** sollten Sie nur in der Einlesephase einsetzen, wenn Sie Aufgabenstellungen nicht verstehen. Während des Hörens müssen Sie nicht jedes einzelne Wort kennen und können konzentrierter arbeiten, wenn Sie sich nicht durch Wörterbucharbeit ablenken lassen.

Vorbereitung auf diesen Prüfungsteil

Langfristig gesehen gibt es viele Möglichkeiten, sich auf die Hörverstehensprüfung **vorzubereiten**. Als schwierig empfinden viele Schüler*innen das Verstehen von *native speakers*, die in natürlicher Sprechgeschwindigkeit, oftmals mit regionalen Akzenten oder untermalt von ablenkenden Hintergrundgeräuschen sprechen. Deshalb sollten Sie sich an solche Hörsituationen gewöhnen, indem Sie sich Filme im englischen Originalton ansehen oder die zahlreichen Podcasts, die das Internet bietet, nutzen.

Wichtige Fakten

Prüfungsteil:	Teil II Ihrer schriftlichen Abiturprüfung
Prüfungsaufbau:	max. 1 000 Wörter umfassender literarischer Text oder Sachtext mit dazugehörigen geschlossenen und halboffenen Verständnisfragen

Mögliche Aufgabenformate

Grundsätzlich werden Ihnen im Prüfungsteil *Reading Comprehension* die gleichen Aufgabenformate begegnen wie beim **Hörverstehen** (vgl. S. VIII/IX). Beim Leseverstehen wird zusätzlich zur Beantwortung der Fragen aber häufig noch ein **Belegzitat** aus dem Text gefordert. Die Aufgabenstellung gibt Ihnen sehr genau vor, wie Sie die Textstelle, die Ihnen die Beantwortung der Frage ermöglicht hat, eindeutig kennzeichnen.

Beispiel: *Give a quotation from the text to support each correct statement: the line number(s) plus the first three and the last three words of the quotation. If the quotation is less than six words, write down the full quotation.*

Tipps zur Vorgehensweise

Um im Prüfungsteil *Reading Comprehension* erfolgreich abzuschneiden, müssen Sie sowohl den Text als auch die Aufgaben sehr genau verstehen. Die folgenden Arbeitsschritte sollten Sie der Reihe nach befolgen:

- Lesen Sie sich zunächst einmal den Text in seiner **Gesamtheit** durch. So verschaffen Sie sich schon einmal einen **groben Überblick** über seinen Inhalt und verstehen die grundsätzlichen Zusammenhänge. Sie sollten hier nicht in Panik geraten, wenn Sie nicht jedes einzelne Wort verstehen. Wichtig ist, dass Sie nach der Lektüre zusammenfassen könnten, worum es im Text geht, welche Personen im Text vorkommen, welche Meinungen die handelnden Charaktere und der Verfasser oder die Verfasserin des Textes vertreten usw.
- Widmen Sie sich anschließend den **Fragen**, die zum Text gestellt werden. Wenn in diesen unbekannte Wörter auftreten oder Sie etwas nicht verstehen, sollten Sie durchaus auch das Wörterbuch zu Hilfe nehmen. Markieren Sie sich außerdem wichtige **Schlüsselwörter** in den Aufgabenstellungen, nach denen oder deren Synonymen Sie den Text anschließend durchforsten können.
- Nun müssen Sie herausfinden, auf welche **Textstellen** sich die Fragen jeweils beziehen. Hierbei helfen Ihnen verschiedene Lesestrategien, die Sie bewusst einsetzen sollten. Einerseits können Sie sich durch sogenanntes ***skimming***, bei dem Sie den Text (mehrfach) überfliegen, noch einmal dessen Grobstruktur und Hauptaspekte ins Gedächtnis rufen. Andererseits sollten Sie die Methode des ***scanning*** (suchendes Lesen) anwenden, um nach den in den Aufgabenstellungen markierten Schlüsselwörtern Ausschau zu halten.
- Wenn Sie die passenden Textstellen gefunden haben, müssen Sie sie sehr genau und gegebenenfalls mehrmals durchlesen. Gerade Multiple-Choice- oder *true/*

false-Fragen sind oft bewusst so gestellt, dass sie auf den ersten Blick leicht lösbar erscheinen, aber erst bei genauem Hinsehen und durch die Beachtung kleiner **Details** wird die richtige Antwort deutlich.

- Wenn es Ihnen schwerfällt, für eine Aufgabe eine passende Textstelle zu finden, kann oft auch die **Textchronologie** helfen. Meist folgen die Fragen der Reihenfolge des Textes. Wenn Sie also für die Frage vor der Aufgabe, die Ihnen Schwierigkeiten bereitet, und für die darauffolgende Aufgabe schon Textstellen gefunden haben, sollte die gesuchte Textstelle wahrscheinlich irgendwo zwischen diesen beiden Abschnitten liegen.

Vorbereitung auf diesen Prüfungsteil

Die **Lesekompetenz** verbessert sich mit jedem Text, den man liest. Suchen Sie sich einfach Texte, die Sie interessieren – im Internet, im Buchhandel oder in Zeitungen. Achten Sie beim Lesen darauf, dass Sie den Gesamtzusammenhang verstehen. Nicht jedes Wort ist für das Textverständnis entscheidend.
Andererseits sollten Sie sich auch an die in der Prüfung häufig gestellten Aufgabenformen gewöhnen. Je öfter man beispielsweise auf die typischen „**Fallen**" von geschlossenen Aufgabenstellungen geachtet hat, desto sensibilisierter ist man für ihr Auftreten. Nutzen Sie also das Übungsmaterial, das Sie in diesem Buch finden, oder gehen Sie noch einmal Texte und Aufgaben durch, die Sie im Unterricht bearbeitet haben.

Textanalyse

Wichtige Fakten

Prüfungsteil:	erste Aufgabe des Teils III Ihrer schriftlichen Abiturprüfung
Kurzdefinition „Analyse":	Was wird gesagt? – (**Inhalt**) Wie wird es gesagt? – (**Form/Sprache**) Warum wird es so gesagt? – (**Funktion**)

Mögliche Aufgabenformen

- Analyse des Ausgangstextes
- Analyse des Ausgangstextes mit Bezugnahme auf das Schwerpunktthema
- Analyse von zusätzlichem Material und Verknüpfung zum Ausgangstext
- Analyse von zusätzlichem Material und Verknüpfung zum Ausgangstext und/oder Schwerpunktthema

Tipps zur Vorgehensweise

Da in diesem Prüfungsteil wie oben erwähnt viele verschiedene Aufgabenstellungen denkbar sind, sind die folgenden Vorgehensschritte je nach Arbeitsanweisung abzuwandeln.

- Zunächst sollten Sie die **Arbeitsanweisung** sehr genau lesen. Zum einen verrät Ihnen der Operator (vgl. Abschnitt „Liste ausgewählter Operatoren"), was von Ihnen erwartet wird. Zum anderen wird vielleicht auch eingeschränkt, auf welche Textteile Sie gesondert achten sollen.
- Der nächste Schritt ist die **Arbeit mit dem Text**. Der bereits in der *Reading Comprehension* behandelte Text sollte Ihnen inhaltlich schon bekannt sein, aber nun müssen Sie ihn ggf. im Hinblick auf eine bestimmte Aufgabenstellung noch einmal bearbeiten. Suchen Sie die Stellen, die für Ihre Beantwortung relevant sind, und nutzen Sie verschiedene Methoden des ***highlighting***, z. B. Unterstreichungen in unterschiedlichen Farben, Randnotizen o. Ä., um Aspekte, die Sie in Ihrer Antwort erwähnen wollen, hervorzuheben.
- Je nach Aufgabenstellung müssen Sie nun gegebenenfalls einen weiteren Text oder Zusatzmaterial analysieren. Der Analyse von **Bildquellen** oder **Statistiken** widmen sich gesonderte Abschnitte in diesem Buch. In jedem Fall kann es auch hier hilfreich sein, wenn Sie ein gutes System für Markierungen entwickelt haben. So können Sie Anknüpfungspunkte zwischen beiden Materialien bereits in dieser Vorbereitungsphase optisch aufeinander beziehen.
- Sehr häufig muss außerdem ein **Bezug zum Schwerpunktthema** oder zu einem Werk des Pflichtkanons hergestellt werden. Meistens sollen Sie zwischen einer bestimmten Textaussage und einem Werk des Pflichtkanons Gemeinsamkeiten oder Unterschiede herausarbeiten. Während Sie also den Text bzw. das Zusatzmaterial bearbeiten, können Sie sich bereits Anknüpfungspunkte zu *Crooked Letter, Crooked Letter* oder *Gran Torino* überlegen.

- Nach der Textarbeit sollten Sie Ihren **Schreibprozess vorbereiten**. Auch wenn Ihre Arbeitszeit begrenzt ist, ist es hilfreich, vorab eine kurze **Gliederung** Ihrer Antwort zu skizzieren. Sie können sich also beispielsweise überlegen, ob Sie Text und Vergleichsmaterial jeweils direkt gegenüberstellen wollen oder aber zunächst die Textanalyse herausarbeiten wollen, um anschließend zum Zusatzmaterial und/oder Schwerpunktthema überzuleiten. Vermeiden Sie es jedoch, eine Vorschrift Ihres Textes anzufertigen, die Sie dann noch einmal abschreiben müssen. Ein gutes Konzept und die gründliche Arbeit mit den unterschiedlichen Materialien sollten ausreichen, um in Ihrer Antwort beim Thema zu bleiben und einzelne Argumente sinnvoll zu verknüpfen.
- Achten Sie beim Schreiben darauf, diese **Verknüpfungen** auch sprachlich deutlich zu machen. Besondere Bedeutung kommt dabei den sogenannten *connectives* zu (vgl. Abschnitt „Hilfreiche Wendungen" oder auch „**MindCards**", s. Farbseiten).
- Planen Sie mindestens einen Korrekturdurchgang ein. Ihren fertigen Text sollten Sie sowohl auf sprachliche Richtigkeit als auch auf inhaltliche Geschlossenheit und Logik überprüfen.

Hilfreiche Wendungen

Allgemeine Aussagen zum Text:

- *The text refers to/contains information about …*
- *The speaker/journalist/author says/maintains/points out/makes it clear that/ wants to make people aware of …*
- *She/He argues/proves/attacks/criticises/condemns …*
- *She/He praises/applauds …*
- *She/He makes fun of/ridicules …*
- *She/He gives/makes/delivers a speech on/about …*
- *She/He addresses (young/old) readers/a large crowd/the audience …*

Satzverknüpfungen nach Aussageabsicht *(connectives, linking words)*:

Aussageabsicht	Satzverknüpfung
• einen Gedanken hinzufügen:	*in addition, furthermore, also, besides, in the same way*
• das Gegenteil ausdrücken:	*yet, however, on the other hand, on the contrary, in contrast*
• einen Vergleich anstellen:	*similarly, in the same way, likewise, compared to/with …, in comparison to/with …*
• eine Folgerung ausdrücken:	*consequently, therefore, as a result, hence*
• etw. einräumen:	*although, though, even if, after all, in any case, in spite of*
• eine zeitliche Verbindung knüpfen:	*after, before, while, eventually, recently, lately, at last, in the end, in the past, when, as soon as*
• eine Begründung anführen:	*therefore, that is why, for this reason, because, since*

- eine Bedingung ausdrücken: *if, unless, provided that, in case that*
- ein Beispiel anführen: *for example, for instance, in other words*
- die Reihenfolge anzeigen: *first, second, next, finally, in the end*
- einen Gedanken neu formulieren: *in other words, that means, that is, that is to say*
- einen Gedankengang abschließen: *in conclusion, in brief, in short, on the whole*

Vorbereitung auf diesen Prüfungsteil

Auch dieser Prüfungsteil muss sowohl **sprachlich** als auch **inhaltlich** vorbereitet werden. Vor allem die sprachliche Vorbereitung sollte langfristig erfolgen. Legen Sie beispielsweise eine Liste Ihrer häufigen Fehler an, die Sie mit jeder Klausur und jeder korrigierten Hausaufgabe ergänzen. So wissen Sie, welche Phänomene Ihnen häufig Schwierigkeiten bereiten, und können im Abitur gesondert darauf achten.
Inhaltlich müssen Sie vor allem das **Schwerpunktthema** gründlich wiederholen und sich mit dem **Pflichtkanon** auskennen. Es bietet sich an, die wichtigsten Inhalte und Interpretationsansätze der Lektüre und des Films, die Sie im Unterricht erarbeitet haben, noch einmal übersichtlich zusammenzufassen, sodass Sie je nach Thema des Abiturtextes Vergleichspunkte parat haben.
Für die Textanalyse brauchen Sie außerdem, je nachdem, ob es sich bei dem zu analysierenden Text um einen fiktionalen oder um einen Sachtext handelt, ein gewisses **literarisches und sprachliches Grundwissen oder Rüstzeug**. Im Folgenden wiederholen wir zunächst wichtige Elemente, die man an einem literarischen Text analysieren kann. Anschließend geht es um die Analyse von Sprache und Form, die bei beiden Textsorten (literarischen sowie Sachtexten) gefragt sein kann.

1. **Interpretation eines fiktionalen Textes**

   Wenn Sie einen Ausschnitt aus einem fiktionalen Text interpretieren, sollten Sie über einige grundlegende Elemente, wie etwa erzählerische Mittel, Bescheid wissen. Zu den Aspekten, die es zu untersuchen gilt, da sie für eine Interpretation ergiebig sein können, gehören vor allem die Erzählsituation, die Behandlung der Zeit und die Charakterisierung einzelner Figuren.

   Erzählsituation: Für die Interpretation eines literarischen Textes ist die Analyse der Erzählsituation (auch Erzählperspektive oder Erzählhaltung genannt) wichtig, da durch den Blickwinkel der Erzählfigur und deren Einstellung bestimmte Effekte erzielt werden. Unter Erzählsituation *(point of view)* versteht man das Verhältnis zwischen Erzähler und erzähltem Geschehen. Der Erzähler *(narrator)* darf nicht mit dem Autor/der Autorin *(author)*, dem Verfasser/der Verfasserin der Geschichte, gleichgesetzt oder verwechselt werden. Manchmal ist die Erzählinstanz als eigenständige Person klar zu erkennen, bleibt jedoch oft ungenannt. Bei der Interpretation eines fiktionalen Textes müssen Sie also der Frage nachgehen: Wer erzählt das Geschehen? Welche Haltung nimmt der Erzähler zu den Ereignissen ein? Im Prinzip unterscheidet man drei grundlegende Erzählsituationen:

   a) **Auktoriale Erzählsituation** (allwissender Erzähler, *omniscient narrator*): Die Erzählinstanz vermittelt zwischen Autor*in und Leser*in. Sie steht außerhalb der Ereignisse, bewahrt Distanz zum Geschehen, kommentiert es zuweilen und wendet sich evtl. auch direkt an die Leserschaft. Manchmal entsteht auch der Eindruck einer objektiven Vermittlung der Vorgänge, die für sich selbst sprechen und aus denen man sich bei der Lektüre eine eigene Meinung bilden soll. Man nennt dies berichtende Darstellung.

b) **Personale Erzählsituation** *(third-person narrator)*: Hier fehlt die Vermittlung zwischen Autor*in und Leser*in, das Geschehen wird aus der Perspektive einer Figur in der Geschichte in der 3. Person erzählt. Beim Lesen erhält man den Eindruck, man verfolge das Geschehen unmittelbar und befände sich auf dem Schauplatz des Geschehens – wie im Theater. Man spricht daher auch von dramatischer oder szenischer Darstellung. Eine Mischung zwischen auktorialer und personaler Erzählsituation wird als *third-person-omniscient* bezeichnet.

c) **Ich-Erzählsituation** *(first-person narrator)*: Diese Erzählperspektive ist vergleichbar mit der personalen: Die Story wird aus der Perspektive einer Figur – hier in der 1. Person – vermittelt. Dabei unterscheidet man noch genauer zwischen „I as witness“, d. h., der Erzähler beobachtet das Geschehen und steht am Rande der Ereignisse, und „I as protagonist“, d. h., erzählt wird von der Hauptfigur und man erlebt die Ereignisse aus deren Sicht.

Die Behandlung der Zeit: Die Untersuchung dieses Aspekts gibt Aufschlüsse über die Erzählweise. Man unterscheidet zwischen erzählter Zeit und Erzählzeit. Die erzählte Zeit *(acting time)* ist die Zeit, über die sich das Geschehen erstreckt. Als Erzählzeit *(narrating time)* bezeichnet man die Zeit, die zur Lektüre benötigt wird. Aus dem Verhältnis zwischen Erzählzeit und erzählter Zeit lassen sich Rückschlüsse auf die Erzählweise *(mode of presentation)* ziehen. Zur Verdeutlichung: In dem Satz *„Five months passed in that way“* ist die erzählte Zeit fünf Monate und die Erzählzeit beträgt nur ein, zwei Sekunden. Die erzählte Zeit ist also größer als die Erzählzeit, d. h., in der Geschichte vergeht mehr Zeit, als zur Lektüre benötigt wird. Man nennt dies Zeitraffung *(compression)*. Der Erzähler überspringt einen größeren Zeitraum, da er für seinen Bericht unwichtig ist. Wird ein Ereignis so ausführlich geschildert, dass man als Leser*in den Eindruck gewinnt, man nehme direkt daran teil, spricht man erzähltechnisch von Zeitdeckung *(correspondence)*, d. h., die erzählte Zeit entspricht ungefähr der Erzählzeit, die Lektüre nimmt genauso viel Zeit in Anspruch wie das geschilderte Geschehen. Mit dieser Technik erhält die Erzählung eine dramatische Wirkung. Seltener kommt auch die sogenannte Zeitdehung *(expansion)* vor, bei der die Erzählzeit länger ist als die erzählte Zeit.

Charakterisierung: Unter Charakterisierung versteht man die Art und Weise, wie eine Figur gezeichnet und ihre Eigenschaften verdeutlicht werden. Bei der indirekten Charakterisierung *(implicit/indirect characterisation)* offenbart die Figur ihren Charakter durch ihre äußere Erscheinung, Kleidung, Gesten und Handlungen selbst. Direkte Charakterisierungen werden vom Erzähler oder von handelnden Personen unmittelbar über eine Person geäußert *(“He was a mean and horrible man.”)*. Die folgende Tabelle und die dazugehörigen Hinweise können bei der Erstellung einer Charakterisierung helfen:

Writing a Character Analysis
Remember:
- collect all factual information
- move from the outward appearance to the character's inner nature

Name of character	
Outward appearance • physique • clothes • movement, gestures • tone of voice, use of language • behaviour, manners	
Inner nature • motives and drives, attitudes • feelings and emotions	
Relationship to other characters	
Function in the story	

2. **Analyse von Sprache und Form**
Es kann ebenfalls Ihre Aufgabe sein, formale, stilistische Elemente *(stylistic devices)* der Textvorlage zu erarbeiten, da es nicht nur darauf ankommt, was gesagt wird (Inhalt), sondern ebenfalls darauf, wie (Form) und warum (Funktion) es so ausgedrückt wird. Diese Textanalyse kann sowohl an fiktionalen als auch an nicht fiktionalen Texten durchgeführt werden. Entsprechend lauten die Arbeitsanweisungen z. B.: *Describe how the author creates the atmosphere in the excerpt,* oder *Analyse the rhetorical devices, taking into account the situation in which the speech is delivered.* In der Aufgabe müssen Sie den Zusammenhang zwischen Form und Inhalt in Bezug auf die Funktion klären. Sie untersuchen die Wortwahl (die Stilebene, das Register), den Satzbau und die rhetorischen Mittel *(Figures of Speech)* und setzen sie in Beziehung zur jeweiligen Situation und Aussageabsicht. Bei der Vorbereitung dieser Aufgabenform hilft Ihnen die folgende Auflistung wichtiger Stilmittel, mit denen eine sprachliche Äußerung verdeutlicht, veranschaulicht oder ausgeschmückt werden kann:

Figures of Speech (Redefiguren)			
Bezeichnung (englisch)	**Bezeichnung (deutsch)**	**Erklärung**	**Beispiel**
Alliteration	Alliteration, Stabreim	Mehrere Wörter beginnen mit dem gleichen Laut.	*[…] face the fire at freedom's front.* (Ronald Reagan)
Antithesis	Antithese	Gegenüberstellung gegensätzlicher Begriffe und Gedanken	*To err is human, to forgive divine.* (Alexander Pope)
Ellipsis	Ellipse	Auslassung eines Wortes oder Satzteils	*Mastercard accepted.*
Euphemism	Euphemismus	Beschönigung; Unangenehmes mit angenehmen Worten sagen	*early retirement = unemployment*
Hyperbole, Exaggeration	Hyperbel	Übertreibung	*He nearly died laughing.*
Irony	Ironie	Man sagt das Gegenteil von dem, was man meint.	*You broke that window really well!*
Metaphor	Metapher	Wort in übertragener Bedeutung; Bild, Vergleich (ohne „as" oder „like")	*All the world's a stage.* (Shakespeare, *As You Like It*)
Parallelism	Parallelismus	gleichartiger Satzbau	*What a day may bring, a day may take away.*
Paradox	Paradox	scheinbar falsche Aussage	*Fair is foul and foul is fair.* (Shakespeare, *Macbeth*)
Personification	Personifikation	Vermenschlichung, Verkörperung (in Gestalt einer Person)	*The day has eyes, the night has ears.*
Pun	Wortspiel	Der witzige Effekt beruht auf der Doppeldeutigkeit des gebrauchten Wortes.	*We shot two bucks, but that was all the money we had.* (*buck* = 1. Bock; 2. Dollar)
Repetition	Wiederholung	mehrmaliges Aufführen desselben Wortes/Ausdrucks zur Verstärkung einer Aussage	*Tomorrow and tomorrow and tomorrow.* (Shakespeare, *Macbeth*)
Rhetorical question	Rhetorische Frage	Scheinfrage, auf die keine Antwort erwartet wird	*How is it that a country that prides itself on its economic success could have so many very poor people?*
Simile (Comparison)	Vergleich	Form des Bildes; direkter Vergleich (mit Vergleichswort)	*My love is like a red, red rose.* (Robert Burns)

Analyse eines Cartoons oder Bildes

Wichtige Fakten

Prüfungsteil:	kann als Zusatzmaterial zum Prüfungsteil III *Analysis* vorkommen oder als eigenständige Aufgabe im Prüfungsteil III *Composition*
Erscheinungsformen:	politische Karikaturen (meist aktuelles politisches Thema), Karikaturen, die allgemeinmenschliche Schwächen aufs Korn nehmen; gestellte Fotografien, Schnappschüsse, Standbilder aus Filmen

Tipps zur Vorgehensweise

- Halten Sie bei der Analyse eines visuellen Impulses zunächst fest, was auf dem Bild zu sehen ist (Situation, Personen) und was geschieht (Aktion), also was diese Personen tun. Verwenden Sie wie bei einer Inhaltsangabe das Präsens in der einfachen Form *(The cartoon shows two people …)* und in der Verlaufsform *(The men are working on …)*. Versuchen Sie, sich bei der Beschreibung des Cartoons oder Bildes kurz zu fassen und auf die Aspekte zu konzentrieren, die für die Botschaft (vgl. nächster Schritt) wichtig sind.
- Der Beschreibung folgt die Interpretation. Dabei sollten Sie versuchen, etwa vorhandene Bilder und Symbole (die Taube steht z. B. für den Frieden) zu entschlüsseln und die dargestellte Situation auf ein politisches oder gesellschaftliches Thema zu beziehen. Wichtige Fingerzeige für die Aufschlüsselung der Botschaft sind in diesem Zusammenhang natürlich auch eine eventuell vorhandene Bildunterschrift *(caption)* oder Aussagen der Personen in den Sprechblasen *(bubbles)*.
  Vor allem bei Fotografien spielt zusätzlich zum Inhalt des Bildes auch die Perspektive eine Rolle für die Analyse. Ist man nah am Geschehen oder weit entfernt? Wird das Motiv von unten, also aus Froschperspektive *(= low-angle shot, worm's-eye view)*, oder von oben (Vogelperspektive = *high-angle shot, bird's-eye view*) gezeigt? Überlegen Sie sich, welche Rolle die Perspektive für die Wirkung des Bildes spielt.
- Je nach Aufgabenstellung und Prüfungsteil kann es verlangt sein, dass Sie den Cartoon oder das Bild zum Text aus der Leseverstehensaufgabe bzw. zum Schwerpunktthema in Bezug setzen. Wird das gleiche Thema behandelt oder geht es nur um thematisch verwandte Bereiche? Stellt der Cartoon das Thema von der gleichen Position aus dar wie der Text oder bietet er eine gegensätzliche Sichtweise? Gibt es direkte inhaltliche Anknüpfungspunkte, die sich für einen Vergleich eignen? Ihre Aufgabe kann andererseits aber auch sein, persönlich zum im Cartoon oder Bild behandelten Thema Stellung zu nehmen, also darzustellen, warum Sie mit der von Ihnen erarbeiteten Botschaft des Cartoons übereinstimmen oder nicht.

Die folgende Tabelle kann Ihnen bei der Erstellung Ihrer Analyse helfen:

Title/caption of cartoon	
Description • Scene • People (presented in a positive or negative light) • Objects • Action	
Interpretation/meaning • Decipher symbols, icons and labels • Relate the cartoon to a political or social situation • Identify the cartoonist's point of view • Explain the message	
Personal view • Your own experience • Do you agree or disagree with the cartoonist?	
Comparison • Does the cartoon display the same topic as the text/ *Gran Torino/Crooked Letter, Crooked Letter*? • Does it have the same perspective? If not, which attitude is more convincing in your opinion?	

Hilfreiche Wendungen

- *The cartoon shows .../In the cartoon, you can see ...*
- *In the background .../In the foreground .../In the centre of the cartoon ...*
- *On the left .../In the top right-hand corner you can see .../The left half shows ...*
- *The facial expression shows that ...*
- *The cartoon has a/no caption ...*
- *The caption reads ...*
- *The cartoonist/artist illustrates .../wants to express the fact that ...*
- *The cartoonist/artist makes clear/criticises/emphasises ...*
- *The cartoon is a reference to .../refers/alludes to .../is a criticism of ...*
- *The message of the cartoon is .../The cartoon might suggest that ...*
- *It is an interesting, multi-layered cartoon .../It shows an exaggerated view of ...*
- *To get across this message, the cartoonist ...*

Auch für die Analyse eines Cartoons oder Bildes können Sie mit den „**MindCards**" (vgl. Farbseiten) einige nützliche Wendungen wiederholen.

Vorbereitung auf diesen Prüfungsteil

Neben der sprachlichen Vorbereitung können Sie sich vor allem auf politische Karikaturen am besten vorbereiten, indem Sie sich über aktuelle Ereignisse auf dem Laufenden halten. Machen Sie es sich beispielsweise zur Gewohnheit, regelmäßig englischsprachige Nachrichten zu lesen, was im Internet sehr einfach möglich ist. So bleiben Sie nicht nur auf dem neuesten Stand, was die politische Lage betrifft, sondern erweitern gleichzeitig Ihren Wortschatz und Ihre Lesefähigkeiten.

Analyse von Statistiken

Wichtige Fakten

Prüfungsteil:	kann als Zusatzmaterial zum Prüfungsteil III *Analysis* vorkommen oder als eigenständige Aufgabe im Prüfungsteil III *Composition*
Mögliche Diagrammarten:	*bar chart/graph, flow chart, line graph, pie chart, organisation(al) chart, table* (s. unten)

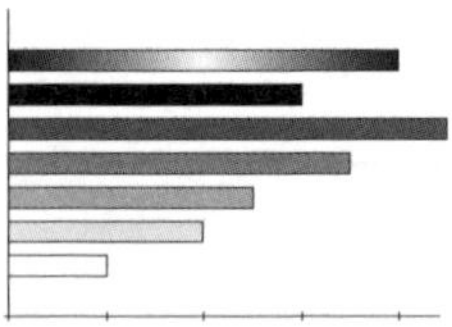

bar chart/graph (Balken-, Säulendiagramm)

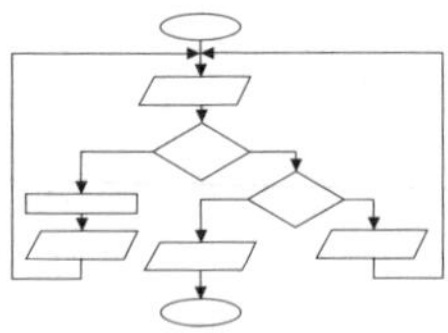

flow chart (Flussdiagramm)

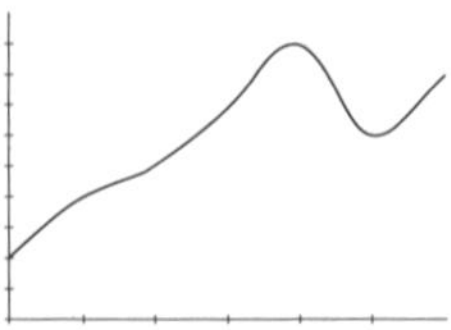

line graph (Kurvendiagramm)

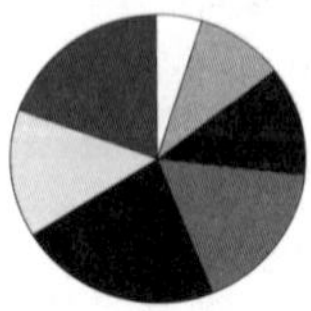

pie chart (Kreisdiagramm, Kuchendiagramm)

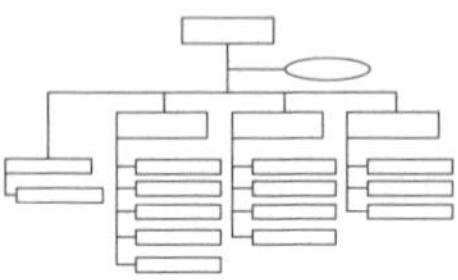

organisation(al) chart (Organigramm)

Thema / Modulreihe	12.1 The Challenge of Individualism	12.3 Tradition and Change
GK verb.	Presentations	Presentations
GK verb.	I USA	Work and Industrialization
GK verb.	II Science and Technology	United Kingdom
GK fakultativ	III Them and Us	Extreme Situations

table (Tabelle)

Tipps zur Vorgehensweise

- Benennen Sie zunächst das Thema des Schaubilds. Häufig wird dieses bereits in einer Bildunterschrift genannt, lässt sich also einfach ablesen.
- Bei der näheren Beschreibung der dargestellten Informationen sollten Sie darauf achten, Wesentliches von Unwesentlichem zu unterscheiden. Nicht jeder einzelne Wert ist wichtig. Stattdessen sollten Sie größere Trends oder besonders auffällige Erscheinungen thematisieren.
- Ähnlich wie bei einer Cartoon- oder Bildbeschreibung reicht es nicht aus, die dargestellten Fakten aufzuzählen. Sie sollten sie immer in größere Zusammenhänge einordnen, interpretieren, ihre Ursachen und Folgen aufzeigen, etc.
- Je nach Aufgabenstellung und Prüfungsteil müssen Sie Ihre Ergebnisse gegebenenfalls mit Informationen aus dem Lesetext vergleichen oder einen Bezug zwischen Ihren Ergebnissen und dem Schwerpunktthema herstellen. Finden Sie Anknüpfungspunkte und denken Sie daran, nicht nur Gemeinsamkeiten, sondern falls vorhanden auch Unterschiede aufzuzeigen. Wenn die Analyse der Statistik als eigenständige Aufgabe gestellt wird, kann auch Ihre eigene Meinung zu gezeigten Entwicklungen oder eine Art Fazit gefragt sein. Positionieren Sie sich zu der dargestellten Situation: Stufen Sie diese als kritisch oder bedenklich ein? Sollte eine Entwicklung Ihrer Meinung nach noch weitergehen? Haben Sie gegebenenfalls Vorschläge, wie man einen Zustand verbessern oder unterstützen könnte?

Hilfreiche Wendungen

Allgemeine Aussagen zu Statistiken:

- *The pie chart shows/compares …*
- *As you can see from the line graph …*
- *The bar graph demonstrates …*
- *This table gives information about …*
- *Its most significant feature is …*
- *The figures in the table show that …*
- *The figures prove that …/This implies that …*
- *The statistics suggest that …*
- *The diagram makes it clear that …*
- *There is evidence that …*

Beschreibung des Kurvenverlaufs:

Zunahme

• *to rise/go up/increase by … to …*	*Temperatures rose by 2 to 2.5 degrees.*
• *to rise/go up/increase from … to …*	*Profits went up from 20 % to 25 %.*
• *an increase/a rise of …*	*There was an increase/a rise of 5 %.*

Abnahme

• *to drop/go down/decrease/fall by … to …*	*Expenses dropped by $ 55,000 to $ 320,000.*

• *to drop/go down/decrease/fall from … to …*	*Interest rates decreased from 18 % to 16 %.*
• *a drop/decrease/fall of …*	*There was a drop/decrease/fall of 2 %.*
• *a drop/decrease/fall in …*	*The company experienced a drop/decrease/fall in sales …*

Qualitative Veränderung

• *slightly/steadily/dramatically/sharply*	*Temperatures have fallen slightly.*
• *continually* (stetig)/*gradually* (allmählich)	*Prices have gone up continually.*
• *significantly* (deutlich)/*insignificantly* (unbedeutend)/*negligibly* (geringfügig)	*Growth is expected to rise insignificantly.*

Beachten Sie auch hier die „**MindCards**" (s. Farbseiten).

Kommentar (und andere sachlich-argumentative Texte)

Wichtige Fakten

Prüfungsteil:	mögliche Aufgabenform im Prüfungsteil III *Composition*
Mögliche Operatoren:	eigene Meinung zu einem Thema sachlich darstellen *(comment)*, Für und Wider eines Themas diskutieren *(discuss)*, unterschiedliche Aspekte eines Themas beleuchten *(assess, explain, …)*

Häufige Diskussionsgrundlagen

- Zitate/Sprichwörter (Beispiel: *"Nobody can give you freedom. Nobody can give you equality or justice or anything. If you're a man, you take it." Malcolm X, 1965 – Comment on the issue of equality with reference to the quotation.*)
- Aspekte des Schwerpunktthemas aus dem Pflichtkanon (Beispiel: *Explain the role of Carl Ott's rifle in the novel* Crooked Letter, Crooked Letter *and its influence on Larry and Silas's relationship.*)
- Verbindung von allgemeinen Problemstellungen mit Aspekten des Pflichtkanons (Beispiel: *In* Gran Torino, *the older Hmong speak their native language, the younger generation speaks both English and Hmong. – Comment on the importance of language for the integration of immigrants.*)

Tipps zur Vorgehensweise

- Bei einer solchen Aufgabenstellung ist die **Konzeptarbeit** besonders wichtig. Grundsätzlich sollten Sie Ihren Aufsatz immer nach dem dreigliedrigen Schema Einleitung, Hauptteil, Schluss aufbauen. Auf der folgenden Seite finden Sie verschiedene Anregungen, wie Sie diese Blöcke jeweils mit Inhalt füllen können.
- Achten Sie beim Verfassen Ihrer Lösung darauf, klare, überschaubare Sätze zu formulieren und Ihre Einzelgedanken sinnvoll und logisch miteinander zu verknüpfen

(vgl. ***connectives*** auf den Seiten XIII/XIV, die folgenden „Hilfreichen Wendungen“ sowie die entsprechenden Teilbereiche der „**MindCards**“).

- Planen Sie genügend Zeit ein, um Ihren Text am Schluss noch einmal **Korrektur lesen** zu können.

Typischer Aufbau eines sachlich-argumentativen Textes

- **Einleitung** *(introduction)*: Hinführung zum Thema; Problem aufgreifen; Interesse des Lesers wecken (Zitat, provokative Aussage, persönliche Erfahrung)
- **Hauptteil** *(body, main part)*: neuer Absatz für einen neuen Gedanken/ein neues Argument; Argumentationsschema (These, Begründung, Beispiel, Schlussfolgerung) beachten (selbstverständlich müssen nicht alle Bausteine bei jedem Argument genannt werden); Sätze sinnvoll verbinden
- **Schluss** *(conclusion)*: kurze zusammenfassende, wertende Aussage; wenn möglich: Bezug zur Einleitung herstellen

Hilfreiche Wendungen:

Aussageabsicht	**Formulierung**
• Argumente ordnen:	*First of all/To begin with, I would like to …* *Another (significant) reason/advantage/consequence is …* *This brings us to the question of whether …* *In addition/Moreover/Besides/Furthermore, you cannot deny that …* *It is worth stating at this point that …* *But above all …*
• eigene Meinung ausdrücken:	*It seems to me …/It has been my experience …/I've had a similar experience/In my experience/As far as I can see …/The way I see it …* *I am afraid the author is wrong in saying/claiming …* *I maintain that …/I am convinced that …/In my opinion/To my mind, you can say/accept that …* *My main argument/My point is that …* *Surely/Obviously/Doubtlessly, it is wrong to say that …* *The author is terribly/greatly mistaken in his conception of …* *Unfortunately/Regrettably, he fails to see that …*

- auf die Gegenmeinung eingehen: *All the same/Nevertheless, it is wrong to say that …*
Contrary to public belief/the popular idea/notion …
Despite all those arguments, we still face the problem that …
In contrast to/As opposed to/Unlike the writer, I think …
It is true that … but it is definitely wrong to say that …
We must not forget, however, that …
- logische Folgerung ziehen: *All this shows that it is unwise to assume that …*
From all this follows that …
So/Therefore/That is why we cannot assume that …
- Schluss formulieren: *All in all, I therefore reject the view that …*
In sum/In brief, I cannot accept the suggestion that …
To conclude/In conclusion/As a result, you can safely say that …
To sum up, I am seriously opposed to the writer's position that …
Weighing the pros and cons, one comes to the conclusion that …

Kreative Aufgabenstellungen

Wichtige Fakten

Prüfungsteil:	im Abitur selten (theoretisch kann jedoch jede Aufgabe in kreativem Zieltextformat erwartet werden, z. B. auch bei Mediationen üblich)
Häufig erwartete Zieltextformate:	Rede, Brief/Leserbrief, E-Mail, Tagebucheintrag

Mögliche Aufgabenstellungen

Im Wesentlichen sind folgende Aufgabenstellungen im Bereich „kreative Umgangsformen mit Texten“ möglich:

- **Kommentierung:** Sie sollen sich intensiv mit dem Thema, der Problematik oder auch den Figuren des Textes auseinandersetzen, z. B. in Form eines Leserbriefs, eines Interviews, einer Befragung, einer Gerichtsverhandlung oder auch einer Talkshow.

- **Weiterführung:** Sie sollen Elemente ausführen, die im Text ausgespart oder nur angedeutet sind, z. B. in Form eines inneren Monologs, eines Dialogs oder Gesprächs, eines Briefs, einer Tagebuchnotiz oder einer Rede.
- **Um- oder Neugestaltung:** Sie sollen den Text umschreiben oder neu schreiben, z. B. indem Sie die Vor- oder Nachgeschichte erzählen, eine andere Perspektive einnehmen, Handlungsfiguren ausgestalten, die Handlung an einen anderen Ort oder in eine andere Zeit versetzen, Geschlecht oder Alter der Figuren ändern, zusätzliche Figuren oder eine neue Szene einführen, den Text kürzen oder ausweiten oder auch ein anderes Medium wählen.

Tipps zur Vorgehensweise

Für die Vielfalt der kreativen Aufgabenformen müssen unterschiedlichste Anforderungen beachtet werden. Als Grundregel sollen jedoch die folgenden gelten:

- **Perspektive:** Aus welcher Perspektive schreiben Sie Ihren Text? Bei einem fiktiven Tagebucheintrag oder inneren Monolog müssen Sie stets im Hinterkopf behalten, was Sie über die Person wissen, aus deren Sicht Sie schreiben. Hat das Auswirkungen auf die Ausdrucksweise oder den Schreibstil?
- **Formale Elemente:** Eine Rede beginnt beispielsweise immer mit einer Begrüßung und hat den Auftrag, ein Publikum zu fesseln, was sich auch in der rhetorischen Gestaltung widerspiegeln sollte. Auch für Briefe gibt es ganz bestimmte formale Vorgaben, die am Beispiel eines Leserbriefes hier aufgelistet sind:

Date:	*15 May 20xx*
Salutation:	*Sir/Madam,*
Body of letter:	
Reference:	*I am writing to you following your recent article "(title)", written by (author) and published on (date) in (source) …* *With reference to your article on …, I would like to point out that …* *I would like to congratulate you on …* *Thank you very much for the article concerning …, which was really an eye-opener.*
Your opinion:	*In my opinion, his arguments are highly prejudiced and somewhat ignorant of the real situation in our society today.* *The article … on the problem of … seems to present an unrealistic and excessively negative picture of …* *The concern you have shown in your article … is highly commendable. However, …* *I must strongly protest against the claim that …*

Arguments:	*It would, in my opinion, be wrong to ...* *I can see no reason why ...* *There is no proof whatsoever that ...* *It is simply not true that ...* *On the one hand, ..., on the other hand, ...* *It is true that ... but ...*
Rounding off:	*To put it all in a nutshell, I have the impression that ...* *All in all, ...* *Therefore I conclude that/I would say/think ...* *As a result, .../Consequently, ...*
Closing formula: (optional)	*Regards,/Best regards,/Yours faithfully, ...*
Signature:	*Full name (possible: hometown)* (fiktional, Anonymität!)

Sprachmittlung

Wichtige Fakten

Art der Prüfung:	verpflichtende Klausur in der Kursphase
Definition:	Unter Sprachmittlung/Mediation versteht man die **sinngemäße** Übertragung von Informationen von einer Ausgangs- in eine Zielsprache (üblicherweise vom Deutschen ins Englische). Eine Mediation ist keine wortwörtliche Übersetzung!

Tipps zur Vorgehensweise

- Lesen Sie den **Arbeitsauftrag** genau. Er gibt nicht nur vor, auf welche Teile des Ausgangstextes Sie Ihre Mediation gegebenenfalls beschränken sollen, sondern auch, in welcher Textform Ihre Lösung gestaltet sein soll und an wen sich Ihr Zieltext richtet (z. B. eine E-Mail an eine*n amerikanische*n Austauschschüler*in).
- Bei der Arbeit am Text sollten Sie ähnlich vorgehen wie bei der Erstellung einer ***summary***. Lesen Sie die Vorlage mehrmals sehr sorgfältig und markieren Sie wichtige Stellen. Unterscheiden Sie wichtige von weniger wichtigen Inhaltselementen und fassen Sie nur die Aussagen zusammen, die laut Arbeitsauftrag relevant sind.
- Beim Verfassen Ihrer Lösung sollten Sie darauf achten, an wen sich der Text richtet, um die richtigen Formulierungen zu wählen. E-Mails an gleichaltrige, gute Bekannte können in einem freundschaftlichen und eher informellen Ton gehalten sein, während eine Ausarbeitung oder ein Referat für die Schule, an der Sie Austauschschüler*in sind, formeller klingen sollte. In jedem Fall sollten Sie auch den kulturellen Hintergrund des **Zielpublikums** beachten, vor allem wenn es um umstrittene Themen, wie beispielsweise *gun laws in the USA*, geht.

Liste ausgewählter Operatoren

Die folgenden Erläuterungen zu einzelnen Arbeitsanweisungen sollen Ihnen einen Einblick vermitteln, wie die Aufgabenstellung zu verstehen ist und welche Leistung von Ihnen erwartet wird. Ganz genau und endgültig kann dies jedoch nicht festgelegt werden, da es immer darauf ankommt, in welchem Kontext eine Arbeitsanweisung gestellt wird. Mit ein und demselben Operator lassen sich unterschiedlich komplexe Aufgaben formulieren. Sie müssen also die Aufgabe genau lesen.

1. **analyse:** Beschreiben und erklären Sie etwas genau, indem Sie die Grundbestandteile, nämlich Inhalt und Form, untersuchen und dann ihre Funktion klären.
   Sie untersuchen also, was gesagt wird (Inhalt), wie es gesagt wird (Form) und warum etwas auf eine bestimmte Weise ausgedrückt wird (Funktion). Das Verständnis des Ganzen soll durch die Zergliederung in seine Einzelteile ermöglicht werden.

   Beispiel: *Analyse the opening paragraph of the short story.*

   Wenn Sie einen Textanfang analysieren sollen, müssen Sie beschreiben, wovon die Passage handelt, wie der Autor/die Autorin sie gestaltet hat und warum.
   Dem Beginn eines Textes kommt immer eine besondere Bedeutung zu. Die wichtigsten Funktionen sind Hinführung zum Thema bzw. zur Geschichte und Motivation, d. h. die Leser*innen anzuregen, weiterzulesen.
   - Anfang eines Sachtextes: In Pressetexten wird häufig versucht, die Aufmerksamkeit der Leserschaft zu gewinnen, indem Texte wie Geschichten aufgebaut werden: *„The president sat in the Oval Office when the phone rang and the director of the CIA …"* Ein Sachtext kann auch mit der Erwähnung eines aktuellen Ereignisses oder der Klärung eines zentralen Begriffes einsetzen: *„When scientists talk of biodegradable products, they mean …"*
   - Anfang eines literarischen Textes: Der Anfang eines Romans oder einer Kurzgeschichte soll ebenfalls dazu dienen, zum Weiterlesen einzuladen: *"I once saw a bloke try to kill himself."* (Alan Sillitoe, "On Saturday Afternoon"). Durch diesen ersten Satz der Kurzgeschichte wird auch die Erzählperspektive *(point of view)* festgelegt: Ich-Erzählung *(first-person narration)*. Häufig geht es auch darum, am Beginn den Schauplatz der Handlung darzustellen, eine Person einzuführen oder eine bestimmte Atmosphäre zu schaffen. Letztere Funktion ist eng mit der sprachlichen Gestaltung verbunden. Schauen Sie sich die Wortwahl genau an (im Besonderen die Adjektive).

2. **characterise:** Beschreiben und analysieren Sie eine Person.

   Beispiel: *Characterise the protagonist of the story.*

   Wenn man eine Figur charakterisieren will, beginnt man zunächst mit der Beschreibung des Äußeren, d. h. mit Gestalt, Kleidung, Alter, Familienstand, Herkunft, sozialer Stellung etc. Untersuchen Sie dann, ob die Person vom Autor/von der Autorin oder von anderen Personen bzw. aus deren Sicht beschrieben wird (direkte Charakterisierung) oder ob ihre Eigenschaften durch ihr Verhalten anderen gegenüber gezeigt werden (indirekte Charakterisierung).

3. **comment:** Äußern Sie eine begründete persönliche Meinung zu einem bestimmten Thema, Problem oder Standpunkt.

   Beispiel: *Comment on the government's assessment of the economic crisis.*

   Erwartet wird Ihre persönliche Meinung, ob die Regierung die Wirtschaftskrise richtig oder falsch eingeschätzt hat. Voraussetzung für eine gute Lösung sind Sachkenntnis und die Fähigkeit, eine Meinung überzeugend zu vertreten. Es geht weniger darum, das Problem noch einmal von mehreren Seiten zu beleuchten – das wäre eine Erörterung –, sondern Sie sollen zeigen, dass Sie argumentieren können. Halten Sie in einem Einleitungssatz noch einmal kurz das Thema/Problem fest und leiten Sie dann zu Ihrer Meinung über. Folgen Sie dem dreistufigen Aufbau einer guten Argumentation:

   - Behauptung/These *(In my view the government's way of dealing with the crisis is rather weak/ineffective/convincing ...)*
   - Begründung *(because ...)*
   - Beleg/Beispiel *(As we can see from ...)*

   Schließen Sie Ihre Beweisführung mit einer Schlussfolgerung, einem Fazit, ab: *Therefore I think/would say .../As a result, .../Consequently, ...*

   Eine gute Note ist nicht davon abhängig, ob Sie – in diesem Beispiel – das Vorgehen der Regierung positiv oder negativ bewerten oder ob Sie – in einem anderen Fall – für oder gegen eine Maßnahme sind. Sie lösen die Aufgabe gut, wenn Ihre Argumentationskette inhaltlich und sprachlich überzeugt.

4. **compare:** Stellen Sie Ähnlichkeiten und Unterschiede zwischen zwei oder mehreren Dingen dar und ziehen Sie Schlüsse daraus.

   Beispiel: *In the novel* Crooked Letter, Crooked Letter *Silas and Larry have the same father, Carl Ott. Compare how they have been influenced by him when growing up.*

   In dieser Aufgabenstellung geht es darum, Gemeinsamkeiten und Unterschiede zwischen den beiden Romancharakteren auszumachen. Anschließend sollten Sie eine Schlussfolgerung ziehen. Als gemeinsamer Ausgangspunkt lässt sich hier beispielsweise die eher negative Beeinflussung durch Carl Ott anführen. Während sich dieser Einfluss in Larrys Leben aber eher durch die dominante Präsenz und Unterdrückung durch seinen Vater äußert, ist Silas' Leben durch die Abwesenheit einer Vaterfigur geprägt. Larry ist ein sehr unsicherer Junge, der mit allen Mitteln versucht, seinen Vater zufriedenzustellen, damit aber immer wieder scheitert. In Silas dagegen verstärkt das Aufwachsen mit einer alleinerziehenden, sozial benachteiligten Mutter den Eindruck, vom Leben ungerecht behandelt worden zu sein und sich somit auch bestimmte Handlungen oder Versäumnisse erlauben zu dürfen, gerade gegenüber Larry, von dem er sich einredet, er habe es viel besser als er. Ein Fazit könnte also sein, dass Carl Ott beide Jungen stark beeinflusst, den einen aber durch seine An-, den anderen durch seine Abwesenheit, und sich dieser Einfluss somit auch bei beiden jeweils vollkommen unterschiedlich äußert.

5. **contrast:** Stellen Sie Informationen, Sachverhalte, Argumente, Urteile etc. einander beschreibend gegenüber.

   Beispiel: *Contrast the attitudes of different EU member states towards the euro.*

   Hier handelt es sich um eine Aufgabenstellung, die eine ähnliche Vorgehensweise wie beim Operator *compare* verlangt, jedoch sollen Sie sich auf die Unterschiede konzentrieren. Dazu müssen Sie in unserem Beispiel wissen bzw. dem Text entnehmen, welche Auffassungen die einzelnen EU-Länder in Bezug auf die Euro-Währung haben. Aufzeigen sollen Sie dann auffällige Unterschiede in den Vorstellungen der einzelnen Regierungen. Die Aufgabenstellung wird sich in der Regel nur auf Themenbereiche beziehen, bei denen Sie klare Unterschiede herausarbeiten können.

6. **criticise:** Drücken Sie Ihre Kritik am Verhalten oder an der Einstellung einer Person aus oder beurteilen Sie die Vor- oder Nachteile eines Verhaltens, einer Entscheidung usw.

   Beispiel: *Criticise the government's decision to do away with military service.*

   Mit dieser Anweisung werden Sie aufgefordert, zu einem Sachverhalt Stellung zu nehmen. Anders als bei einer Erörterung (siehe Arbeitsanweisung *discuss*) wägen Sie ein Problem nicht neutral ab, sondern kritisieren etwas und bringen klar Ihre Meinung zum Ausdruck. Hier gehen Sie allerdings wie bei der Erörterung vor: Sie stellen Ihre persönliche These auf, die Sie durch eine sinnvolle Begründung und ein anschauliches Beispiel belegen. Es ist oft ratsam, auf gegnerische Argumente einzugehen, d. h. an sie anzuknüpfen, um dann eine abweichende Auffassung vorzubringen und die der Gegenseite als irrig darzustellen. Begründete Kritik ist stets berechtigt, sie hat nichts mit Besserwisserei zu tun. Frei nach G. E. Lessing gilt: „Wer etwas kritisiert, muss es nicht unbedingt besser können."

7. **describe:** Diese Aufgabe wird häufig auftauchen, wenn es sich bei einem gegebenen Material um ein Bild, eine Karikatur oder eine Grafik handelt.

   Beispiel: *Describe the development shown in the graph.*

   Achten Sie auf eine möglichst genaue Beschreibung, die einer gewissen Struktur folgt. Bei Grafiken und Bildern, die sehr viele Elemente enthalten, sollten Sie sich auf die Aspekte beschränken, die für die Aussage von besonderer Bedeutung sind.

8. **discuss:** Beleuchten Sie ein Problem von allen Seiten, indem Sie Argumente ausführen – belegt durch Details, Beispiele, weitere Informationen – und sinnvoll ordnen.

   Beispiel: *Discuss attempts to legalise certain soft drugs.*

   Diese Aufgabenstellung ist vergleichbar mit einer Erörterung. Sie sollen ein Problem, hier die Freigabe von sogenannten weichen Drogen, zunächst identifizieren und dann erörtern, d. h. Argumente pro und kontra erfassen und die zugehörigen Begründungen darstellen. Beachten Sie, dass sich hier fast immer zwei verschiedene Arten von Problemen ableiten lassen: Sachprobleme *(What are soft drugs? – What kinds of genetic tests are used in medical research?)* und Wertprobleme *(Is it right to legalise soft drugs? – Should insurance companies be allowed to make use of genetic test information?).* Bei der Erörterung eines Sachproblems sollten Sie auf relativ gesicherte und nachweisbare Tatsachen zurückgreifen (Statistiken, allgemeine Lebenserfahrung): *There is statistic evidence that the legalisation of drugs …* Vermeiden Sie es allerdings, sich Prozentzahlen auszudenken, wenn Sie sich auf Statistiken beziehen. Werturteile sind schwieriger zu begründen, da man hier unterschiedliche Einstellungen vertreten kann. Es liegt in der Natur der Sache, dass persönliche Meinungen umstritten sind: *I am of the opinion that the government ought to be stricter …* Wichtig ist, dass Ihre Argumentation logisch ist und einleuchtet.

9. **evaluate** (auch: **assess**): Geben Sie ein Werturteil ab, stellen Sie eine negative oder positive Behauptung nach sorgfältiger Abwägung auf. Dabei sollen Sie Ihre Antwort durch Belege, beispielsweise Fakten und Zahlen, absichern.

   Beispiel: *Evaluate the efficiency of former British Prime Minister David Cameron's "Remain" campaign (anti-Brexit).*

   Hier handelt es sich um die Bearbeitung eines Wertproblems: *In my view Cameron's campaign has not done enough to check the spread of anti-European sentiments.* Erwartet wird, dass Ihr Urteil begründet ist. Besonders geeignete – weil kaum widerlegbare – Argumente für eine These sind u. a. nachprüfbare Tatsachen, Statistiken und verallgemeinerte Erfahrungen: *There is statistical evidence that UKIP has steadily been gaining more and more support since the party's foundation in the 1990s.* Es ist unausweichlich, dass Ihre Einschätzung nicht von jedermann geteilt wird. Werturteile, persönliche Meinungen und Gefühle sind immer umstritten, da man bei (fast) allen Problemen verschiedener Auffassung sein kann. Wenn Sie z. B. die Meinung äußern *I think there should not have been a referendum at all,* kann es gut sein, dass Sie mit dieser Aussage auf Widerspruch stoßen werden. Deshalb ist es wichtig, dass Sie sich treffende Begründungen für Ihre Argumentation zurechtlegen, damit man Ihre Einschätzung, wenn schon nicht übernehmen, so doch zumindest nachvollziehen kann.

10. **explain:** Erläutern Sie etwas, machen Sie etwas verständlich. Mit dieser Aufgabe kann das Verständnis einer Textstelle, des gesamten Textes bzw. einer Situation überprüft werden. Sie geht über eine reine inhaltliche Zusammenfassung hinaus.

    Beispiel: *Explain why the relationship between the USA and Great Britain has always been a significant one. Find evidence in history, culture or politics.*

    Mit dieser anspruchsvollen Aufgabenstellung werden Ihre Kenntnisse im Bereich der Landeskunde USA und Großbritannien überprüft. Damit Sie hier erfolgreich abschneiden, müssen Sie sich vor der Prüfung die wichtigsten Fakten angeeignet haben. Mit diesem Material, das Sie zur Verfügung haben müssen, schreiben Sie dann eine Art Aufsatz. Sie können ihn folgendermaßen aufbauen:
    A. Introduction: ein kurzer Satz, um zum Thema hinzuführen
    B. Main Part: Darlegung der Fakten; z. B. im politischen Bereich: Verhältnis zur Kolonialzeit (Unabhängigkeitskrieg), im und nach dem Ersten bzw. Zweiten Weltkrieg; heute: Kampf gegen Terrorismus, Debatte über Post-Brexit-Handel; im kulturellen Bereich: Einflüsse auf dem Gebiet der Literatur, der Popkultur, des Films

C. Conclusion: Anknüpfung an die Einleitung oder Ausblick
Ein sehr umfangreiches Thema, wie Sie sehen. Daher sollten Sie sich vorher einen Plan machen, in dem Sie Ihre wichtigsten Gesichtspunkte aufführen.

11. **interpret:** Untersuchen Sie etwas ausführlich, um die Aussage, die der Verfasser/die Verfasserin treffen möchte, deutlich zu machen. Dabei kommt es darauf an, dass Sie Ihre Sachkenntnis und Ihr Wirklichkeitsverständnis zu dem vorgelegten Material in Beziehung setzen.

    Beispiel: *Interpret the poem .../short story ...*

    Diese Aufgabenstellung ist recht global, weil Sie keine weiteren Hilfsfragen gestellt bekommen. Daher müssen Sie wissen, was bei einer literarischen Interpretation zu tun ist, nämlich den inhaltlichen Aufbau, die sprachlichen Gestaltungsmittel und den Zusammenhang zwischen beidem herauszuarbeiten. So gehen Sie dabei vor: Nach sorgfältigem, mehrmaligem Lesen halten Sie fest, wovon das Gedicht/die Kurzgeschichte handelt. Versuchen Sie, die Absicht des Verfassers/der Verfasserin als Arbeitshypothese zu formulieren. Danach klären Sie den Aufbau des literarischen Textes und untersuchen die sprachlichen Mittel, die verwendet werden. Beschreiben Sie die Wirkung von Gestaltungselementen. Überprüfen Sie Ihre Arbeitshypothese auf ihre Richtigkeit – vielleicht müssen Sie Ihren ersten Eindruck revidieren. Sie sollten daran denken, dass es hier keine richtige oder falsche Lösung gibt. Ihre Arbeit wird danach beurteilt, ob Ihre Auslegung stimmig ist. Das bedeutet, Ihre Interpretation muss nachvollziehbar und einleuchtend sein. Das erreichen Sie, indem Sie immer wieder überprüfen, ob Ihre Deutungen durch den Text gesichert sind.

12. **justify:** Sagen Sie, warum eine Meinung, ein Standpunkt oder eine Maßnahme richtig oder angemessen ist. Eine Rechtfertigung ist in der Regel positiv. Heben Sie die Vorteile eines Standpunkts gegenüber seinen Nachteilen hervor.

    Beispiel: *Justify the steps taken against drug addiction.*

    Bei dieser Arbeitsanweisung sind Sie nicht mehr frei, Ihre persönliche Meinung zu äußern und zu begründen, sondern sollen eine Rolle übernehmen. In diesem Beispiel sollen Sie Maßnahmen gegen Drogensucht verteidigen. Diese Aufgabe ist eine Art rhetorische Übung, bei welcher der Schwerpunkt auf der Technik des Argumentierens liegt. Dabei soll Ihre eigene Meinung ganz bewusst zur Seite geschoben werden. Es kommt bei solchen Rhetorikübungen darauf an, das (fiktive) Publikum zu überzeugen. Wenn Sie eine Aufgabe mit dem Operator *justify* bearbeiten, können Sie wie bei einer linearen Erörterung vorgehen. Sie suchen Argumente, führen sie mit einem Beleg und einem Beispiel aus und ordnen sie dann in steigernder Form an, d. h., Sie gehen vom weniger wichtigen zum wichtigsten Argument für oder gegen eine Maßnahme oder einen Vorschlag.

13. **outline:** Sie sollen eine Inhaltsangabe verfassen. Dabei gehen Sie vor wie bei *summarise.*

    Beispiel: *Outline the pros and cons of genetic engineering as described in the German newspaper article.*

Häufig werden Sie nicht den gesamten Text zusammenfassen müssen. Stattdessen wird erwartet, dass Sie bestimmte Aspekte *(„the pros and cons of genetic engineering“)* aus dem Text herausarbeiten, die Sie dann in einem englischen Text zusammenfassen.

14. **summarise / sum up:** Fassen Sie die Hauptgedanken eines Textes in knapper Form ohne Veranschaulichungen und Beispiele zusammen.

    Beispiel: *Summarise the author's arguments against abortion.*

    Die Aufgabe verlangt, dass Sie einen Text oder eine Argumentation knapp und sinnvoll zusammenfassen. Hier wird zweierlei überprüft: Ihr Textverständnis und Ihre Sprachfertigkeit. Zunächst müssen Sie die wichtigsten Aussagen aus der Vorlage herausfiltern und sie danach mit eigenen Worten knapp wiedergeben. Wichtigste Voraussetzung für eine erfolgreiche Lösung dieser Aufgabe ist, dass Sie das Original gut verstanden haben. Lesen Sie deshalb den Text mehrmals sehr sorgfältig und kennzeichnen Sie die Stellen, die Ihnen wichtig erscheinen. Gehen Sie den Text Abschnitt für Abschnitt durch und verfolgen Sie den Gedankengang. Unterscheiden Sie dabei zwischen Haupt- und Nebengedanken. Identifizieren Sie dann Wiederholungen, Belege und Beispiele, die die Argumentation untermauern. Das sind die Teile der Vorlage, auf die Sie in Ihrer Zusammenfassung verzichten werden. Im Allgemeinen wird erwartet, dass Sie die Vorlage auf ein Drittel bis ein Fünftel ihres ursprünglichen Umfangs kürzen. Das hängt ganz von der Dichte des Originaltextes, d. h. von seiner Informationsfülle, ab. Es ist eine bewährte Methode, nach dem sorgfältigen Durcharbeiten des Textes jeden einzelnen Abschnitt knapp – vielleicht mit einem Satz – zusammenzufassen. Achten Sie bei Ihrer Lösung darauf, dass Sie keine neuen Gedanken oder neuen Beispiele einführen und dass Sie keine eigenen Wertungen abgeben. Was die Formulierung betrifft: Zeigen Sie, dass Sie über einen guten Wortschatz verfügen. Lösen Sie sich sprachlich von der Vorlage, indem Sie, sofern es sich nicht um Fachbegriffe handelt, den ursprünglichen Text durch Synonyme und Umschreibungen wiedergeben. Verfassen Sie Ihre Zusammenfassung im Präsens. Dieser Operator wird Ihnen sicher häufiger in einer Mediationsaufgabe begegnen.

Zum Gebrauch des Buches

Dieses Buch soll Ihnen die Möglichkeit geben, sich optimal auf die schriftliche Abiturprüfung sowie auf die Sprachmittlungsklausur in der Kursstufe vorzubereiten. Anhand der **abiturähnlichen Übungsaufgaben** können Sie die Kompetenz des Hörverstehens trainieren sowie verschiedene, in der Prüfung mögliche Aufgabenformate mit Bezug zum Schwerpunktthema „The Ambiguity of Belonging" einüben. Bei den **Prüfungsaufgaben 2019 und 2020** handelt es sich um Original-Abituraufgaben. Beide enthalten noch kein **Hörverstehen**, welches erst **ab 2021** als eigenständiger Prüfungsteil vorkommt. Dennoch können Ihnen auch die Aufgaben von 2019 und 2020 einen Eindruck davon vermitteln, wie der zweite Teil Ihrer Abiturprüfung, die Textaufgabe, aufgebaut ist und mit welchen Aufgabenformen Sie rechnen müssen. Die Prüfungsaufgaben von 2021 und 2022 schließlich zeigen Ihnen genau die Teile, die auch Sie in Ihrem Abitur erwarten. Den Jahrgang 2021 finden Sie hier im Buch, die Aufgaben von 2022 online auf MyStark. Zusätzlich enthält dieses Buch drei **Übungsaufgaben zur Sprachmittlung**. Diese Kompetenz ist zwar kein Teil der schriftlichen Abiturprüfung, wird aber verpflichtend in einer Ihrer Oberstufenklausuren abgeprüft.

Alle Aufgaben sind mit **Musterlösungen** versehen. Oft ist es hilfreich, diese nach der eigenen Bearbeitung durchzulesen. Hierbei können Sie nicht nur abgleichen, ob Sie die inhaltlichen Punkte der Fragestellung abgedeckt haben, Sie können auch sehen, wie man die Lösung sinnvoll gliedern kann und wie sich Aspekte sprachlich gelungen ausdrücken lassen. Selbstverständlich müssen Sie nicht genau das schreiben, was in der Musterlösung genannt wird. Lassen Sie sich nicht verunsichern. Auch mit einer geringeren Anzahl an Aspekten, die Sie sinnvoll strukturiert haben, oder einfacheren, aber korrekten Formulierungen können Sie eine sehr gute Leistung erreichen. Nutzen Sie die Musterlösungen als Anregungen für Ihre Vokabel- oder Konzeptarbeit. Zusätzlich dienen Ihnen die der Lösung vorangestellten **Tipps** als Hilfe für die Bearbeitung. Greifen Sie darauf zurück, falls Sie einmal nicht vorankommen oder um Ihre Lösung zu überprüfen.

ÜBUNGSAUFGABEN

TEIL I: LISTENING COMPREHENSION

Task 1: BBC News

You will hear several items from the BBC radio news. Choose from the list (A–H) which description applies to which news item (1–7). For each item there is only one correct answer. Put the letters (A–H) into the correct box. There is one more description than you need.

	Description
A	Assault on institutions causing many casualties
B	Country's attempt to stop a push for independence
C	Critical voices facing legal action
D	Government officials sentenced for wrongdoing
E	Historic town about to be retaken
F	Inhabitants escaping from embattled city
G	Rebel attack prevented by UN peace keepers
H	Two conflicting parties accused of human rights violations

News item	1	2	3	4	5	6	7
Description A–H							

Task 2: A Los Angeles Neighborhood

Listen to a radio report. While listening, tick (✓) the correct answer (a, b, c or d). There is only one correct answer.

1 Sande Hashimoto remembers that Japanese Americans were …

- **a** ☐ relieved to be taken to a location close by.
- **b** ☐ reluctant to leave their neighborhood.
- **c** ☐ separated from family members by the military.
- **d** ☐ trying to find buyers for their possessions.

2 When the Hashimotos came back, they …

- **a** ☐ hired African Americans to work in their shop.
- **b** ☐ ran the same shop as before.
- **c** ☐ were happy to see their customers return.
- **d** ☐ worked in an African American shop.

3 Little Tokyo experienced …

- **a** ☐ a cultural decline.
- **b** ☐ a demographic change.
- **c** ☐ an economic downturn.
- **d** ☐ an improved housing situation.

4 When Sande Hashimoto came back, she …

- **a** ☐ became friends with the new neighbors.
- **b** ☐ had a hard time making friends.
- **c** ☐ met some of her old friends again.
- **d** ☐ was discriminated against.

5 Adrian Florido says that Blacks from the South came to Los Angeles …

- **a** ☐ because of the availability of cheap housing.
- **b** ☐ because of the dynamic Black community.
- **c** ☐ to escape discrimination.
- **d** ☐ to find employment.

6 Historian Martha Nakagawa claims that …

- **a** ☐ African Americans went to court to remain in their homes.
- **b** ☐ Blacks ultimately profited from the Japanese Americans' return.
- **c** ☐ landlords favored Japanese Americans over African Americans.
- **d** ☐ whites helped African Americans to find new housing.

7 Martha Nakagawa's view of the Japanese American community seems …

a ☐ critical.
b ☐ indifferent.
c ☐ prejudiced.
d ☐ factual.

8 Today's visitors are reminded of the Bronzeville era by a …

a ☐ bronze statue in Little Tokyo.
b ☐ Charley Parker painting.
c ☐ phrase engraved in the pavement.
d ☐ small historical marker.

Task 3: Young People's Literature

Listen to an interview with Gene Luen Yang and Jacqueline Woodson. While listening, answer the questions. You need not write complete sentences.

1 What do the writers Gene Luen Yang and Jacqueline Woodson have in common?

____

2 Which rewards of his position did Yang enjoy? *(Name one.)*

____

3 What did Jon Scieszka, who held the position first, try to achieve?

____

4 What does Yang mean when he refers to "diversity of format"?

____

5 Which two examples of "underserved people" does Woodson give?

- ______________
- ______________

6 What effects do labels like "struggling reader" have according to Woodson?

____

7 What does Woodson say about the ideal effect of reading a book?

____

8 What tone is evoked by the repeated reference to a helicopter?

____

Bei den für Set 1 abgedruckten Aufgaben zum Hörverstehen handelt es sich um die Original-Aufgaben des Hörverstehensteils der zentral gestellten Kursarbeit 2019 in Rheinland-Pfalz.

TEIL II & III: READING COMPREHENSION & TEXT PRODUCTION

Text — Chimamanda Ngozi Adichie: *Americanah*

Americanah *is a novel by the Nigerian author Chimamanda Ngozi Adichie. It tells the story of a young Nigerian woman, Ifemelu, who emigrates to the United States to attend university. The novel traces Ifemelu's life in both countries; she is a blogger who writes about her experiences as a non-American black woman in the United States. Both Curt and Blaine are American men Ifemelu has a relationship with in the course of the novel. Curt is a white man and well-off; he helps Ifemelu to get a green card. Blaine is African American and admires Barack Obama. A substantial part of the novel is told in flashbacks.*

[…] Some years later, at a dinner party in Manhattan, a day after Barack Obama became the Democratic Party's candidate for President of the United States, surrounded by guests, all fervent Obama supporters who were dewy-eyed with wine and victory, a balding white man said, "Obama will end racism in this country", and a large-hipped, stylish poet from Haiti agreed, nodding, her Afro bigger than Ifemelu's, and said she had dated a white man for three years in California and race was never an issue for them.

"That's a lie," Ifemelu said to her.

"What?" the woman asked, as though she could not have heard properly.

"It's a lie," Ifemelu repeated.

The woman's eyes bulged. "You're telling me what my own experience was?"

Even though Ifemelu by then understood that people like the woman said what they said to keep others comfortable, and to show they appreciated How Far We Have Come; even though she was by then happily ensconced in a circle of Blaine's friends, one of whom was the woman's new boyfriend, and even though she should have left it alone, she did not. She could not. The words had, once again, overtaken her; they overpowered her throat, and tumbled out.

"The only reason you say that race was not an issue is because you wish it was not. We all wish it was not. But it's a lie. I came from a country where race was not an issue; I did not think of myself as black and I only became black when I came to America. When you are black in America and you fall in love with a white person, race doesn't matter when you're alone together because it's just you and your love. But the minute you step outside, race matters. But we don't talk about it.

We don't even tell our white partners the small things that piss us off and the things we wish they understood better, because we're worried they will say we're overreacting, or we're being too sensitive. And we don't want them to say, Look how far we've come, just forty years ago it would have been illegal for us to even be a couple blah blah blah, because you know what we're thinking when they say that? We're thinking why the fuck should it ever have been illegal anyway? But we don't say any of this stuff. We let it pile up inside our heads and when we come to nice liberal dinners like this, we say that race doesn't matter because that's what we're supposed to say, to keep our nice liberal friends comfortable. It's true. I speak from experience."

The host, a Frenchwoman, glanced at her American husband, a slyly pleased smile on her face; the most unforgettable dinner parties happened when guests said unexpected, and potentially offensive, things.

The poet shook her head and said to the host. "I'd love to take some of that wonderful dip home if you have any left," and looked at the others as though she could not believe they were actually listening to Ifemelu. But they were, all of them hushed, their eyes on Ifemelu as though she was about to give up a salacious secret that would both titillate and implicate them. Ifemelu had been drinking too much white wine; from time to time she had a swimming sensation in her head, and she would later send apology e-mails to the host and the poet. But everyone was watching her, even Blaine, whose expression she could not, for once, read clearly. And so she began to talk about Curt.

It was not that they avoided race, she and Curt. They talked about it in the slippery way that admitted nothing and engaged nothing and ended with the word "crazy", like a curious nugget to be examined and then put aside. Or as jokes that left her with a small and numb discomfort that she never admitted to him. And it was not that Curt pretended that being black and being white were the same in America; he knew they were not. It was, instead, that she did not understand how he grasped one thing but was completely tone-deaf about another similar thing, how he could easily make one imaginative leap, but be crippled in the face of another. [...]

At the cocktail reception, he kept his fingers meshed with hers. Young females in tiny dresses, their breaths and bellies sucked in, trooped across to say hello to him and to flirt, asking if he remembered them, Ashleigh's friend from high school, Ashleigh's roommate in college. When Curt said, "This is my girlfriend, Ifemelu", they looked at her with surprise, a surprise that some of them shielded and some of them did not, and in their expressions was the question "Why her?" It amused Ifemelu. She had seen that look before, on the faces of white women, strangers on the street, who would see her hand clasped in Curt's and instantly cloud their faces with that look. The look of people confronting a great tribal loss. It was not merely because Curt was white, it was the kind of white he was, the untamed golden hair and handsome face, the athlete's body, the sunny charm and the smell, around him, of money. If he were fat, older, poor, plain, eccentric, or dreadlocked, then it would be less remarkable, and the guardians of the tribe would be mollified. And it did not help that although she might be a pretty black girl, she was not the kind of black that they could, with an effort, imagine him with: she was not light-skinned, she was not biracial. At that party, as Curt held on to her hand, kissed her often, introduced her to everyone, her amusement curdled into exhaustion. The looks had begun to pierce her skin. She was tired even of Curt's protection, tired of needing protection. [...] *985 words*

Teil II: Reading Comprehension

Instructions:

- Tick the correct statement or statements as indicated.
- Give a quote from the text to support each correct statement: the line number(s) plus the first three and the last three words of the quote.
- If the quote is less than six words, write down the full quote.

1 Tick the *two* correct answers and provide one quote for each.

The Obama supporters at the dinner party in Manhattan are described as:

☐ pious
☐ blunt
☐ naive
☐ sincere
☐ ardent
☐ defeatist

❶ quote 1:

line(s) ______: ______________________________

____

❷ quote 2:

line(s) ______: ______________________________

____

2 Tick the correct answer.

	true	false
Ifemelu cannot understand why the Haitian poet describes her biracial relationship as unproblematic.	☐	☐

line(s) ______: ______________________________

____

3 Complete the sentence. You may use your own words or quote from the text.

When Ifemelu says, "I did not think of myself as black and I only became black when I came to America" (ll. 20/21), she means ______________________________

____

______________________________.

4 Tick the correct statement.

African Americans often choose not to confront latent racism because they do not want …

- [ ] their partners to have doubts about their relationship.
- [ ] to be seen as aggressive.
- [ ] to offend their partners.
- [ ] to come across as thin-skinned.

line(s) ______: ______________________________

____

5 Tick the correct statement.

The host is content with Ifemelu's outburst because …

- [ ] it will make her party memorable.
- [ ] she shares Ifemelu's opinion.
- [ ] she wants Ifemelu to fall out with the other guests.
- [ ] she has issues with the Haitian poet.

line(s) ______: ______________________________

____

6 Tick the correct answer.

	true	false
In hindsight Ifemelu seems to regret what she says at the party.	☐	☐

line(s) ______: ______________________________

____

7 Tick the correct answer.

	true	false
Curt thinks that race does not matter in America.	☐	☐

line(s) ______: ______________________________

____

8 Complete the sentence.

When white women see Curt with Ifemelu, their looks suggest that ______________

____

______________________________.

9 Tick the correct answer.

Which word describes Ifemelu's feelings when out with Curt in public best?

☐ secure

☐ exasperated

☐ self-conscious

☐ desperate

line(s) ______ : ____

____

Teil III: Analysis

1 "The Western world is having an identity crisis."

Marianne Williamson

Explain the quote and relate it to the white people in the given excerpt and to Walt Kowalski in *Gran Torino*.

Teil III: Composition

Choose *one* of the following:

2a Interpret the cartoon and comment on its message.

© *Joseph Rank/cartoonstock.com*

Information

"The New Colossus" is a sonnet by Emma Lazarus. It was cast onto a bronze plaque and can be found inside the Statue of Liberty.

The original version of the second stanza of the poem is as follows:

"Give me your tired, your poor,
Your huddled masses yearning to breathe free,
The wretched refuse of your teeming shore.
Send these, the homeless, tempest-tost to me,
I lift my lamp beside the golden door!"

or

2b "Obama will end racism in this country" (l. 4).

Discuss whether this hope has become a reality in the United States.

Lösungsvorschlag

TEIL I: LISTENING COMPREHENSION

Transcript 1 BBC News

BBC News with Debbie Russ.

1 A United Nations investigation into the battle for Aleppo last year has concluded that the Syrian air force was responsible for an attack on a UN Aid aid convoy in which 14 people died. It also accuses Syrian forces of deploying chemical weapons. Rebels are also said to have committed war crimes by using civilians as human shields and indiscriminately shelling neighbourhoods under government control.

2 The Iraqi government says that over the past ten days, 26,000 civilians have fled Mosul as the army continues its offensive to recapture the city from the Islamic State group. Iraqi forces are currently trying to drive militants out of the western half of the city.

3 A Chinese Foreign Ministry spokesman says Beijing is willing to work with the international community to fight Uighur Islamist militants who want to establish a separate state in the western Chinese province of Xinjiang. The comments followed the release of a video purportedly by the Islamic State group showing Uighur fighters training and issuing threats against China.

4 Syrian government forces fighting Islamic State militants have reportedly advanced into the edge of Palmyra, the desert city that's home to world-famous ancient ruins. The militants first captured Palmyra in 2015 and deliberately destroyed some of its 2000-year-old monuments and towers.

5 Two suicide attacks in different parts of the Afghan capital Kabul have left at least 16 people dead and more than 50 wounded. One targeted a military training college, the other was aimed at the National Intelligence headquarters.

6 Six journalists working for opposition newspapers are expected to appear in court in Ivory Coast. They are charged with spreading false information following a mutiny last week by soldiers demanding bonus payments.

7 Myanmar's police court has found three senior officers guilty of negligence after insurgents attacked three border control posts on their watch. The officers will serve between two and three years in prison.

BBC News.

BBC WorldService, BBC News Summary, 2017/03/01, https://www.bbc.co.uk/programmes/p04tnn56

TIPP

Identify key words in the descriptions and then listen for similar key words in the news items. However, be careful to focus on the content rather than waiting for exact repetitions. The listening text and the tasks may often use synonymous expressions.

1 News item **1** tells us "that the Syrian air force was responsible for an attack on a UN Aid aid convoy in which 14 people died" (ll. 3/4). Furthermore, "Syrian forces [are accused] of deploying chemical weapons" (l. 4) and "[r]ebels are also said to have committed war crimes" (ll. 4/5). In other words, two different factions, namely the Syrian forces as well as the rebels, are "accused of human rights violations" (description **H**). Don't be misled by the quite prominent mention of the UN (cf. ll. 2/3). Although the UN also comes up in description **G**, peace keepers who have prevented an attack are not mentioned in the news item.

2 News item **2** deals with "26,000 civilians [who] have fled Mosul as the army continues its offensive to recapture the city from the Islamic State group" (ll. 7–9). "To flee" is a synonym of "to escape", so description **F** fits.

3 The most important information news item **3** provides is that people "who want to establish a separate state in the western Chinese province of Xinjiang" (ll. 12/13) are fought by the Chinese government. In other words, China is trying "to stop a push for independence" (description **B**).

4 According to news item **4**, "Palmyra, the desert city that's home to world-famous ancient ruins" (l. 17), in other words a "[h]istoric town", is close to be "retaken" (description **E**) by "Syrian government forces" (l. 16).

5 News item **5** explains that "[t]wo suicide attacks in different parts of the Afghan capital Kabul have left at least 16 people dead and more than 50 wounded" (ll. 20/21). In other words, it deals with "many casualties" (description **A**). The targets were "a military training college [as well as] the National Intelligence headquarters" (ll. 21/22), so the key word "institutions" from description **A** also fits.

6 "Six journalists working for opposition newspapers are expected to appear in court in Ivory Coast." (ll. 23/24) This statement from news item **6** fits the key words "[c]ritical voices" as well as "legal action" from description **C**.

7 "Myanmar's police court has found three senior officers guilty of negligence" (l. 26). Police officers are "[g]overnment officials", so description **D** fits.

News item	1	2	3	4	5	6	7
Description A–H	H	F	B	E	A	C	D

Transcript 2 A Los Angeles Neigborhood

Lourdes Garcia-Navarro *(host)*: Seventy-five years ago today, President Franklin D. Roosevelt signed an executive order that forced 120,000 Japanese and Japanese Americans into World War II internment camps. Adrian Florido of NPR's Code Switch team has the story of a woman, Sande Hashimoto, who recalls what happened to her and what happened to her neighborhood.

Adrian Florido *(byline)*: Hashimoto and her family lived in LA's Little Tokyo. She remembers her parents and neighbors rushing to sell off their belongings, and she remembers the day they packed their bags.

Sande Hashimoto: And there were soldiers with rifles. And they told us all to, you know, get on the train, so we did.

Florido: The train took them 200 miles away to the Manzanar internment camp. They lived there for more than three years. When they were released, the family moved back home, reopened their dry cleaning business. But Little Tokyo had changed.

Hashimoto: It was all black. You know, all our customers was [*sic*] black.

Florido: Where there used to be Japanese restaurants and shops, the businesses were now African American. The apartments the Japanese families left behind now housed black workers. Little Tokyo even had a new name, Bronzeville. Hashimoto made her first black friend, a little girl who lived nearby.

Hashimoto: And sometimes I would go over to her place, her mother would be braiding her hair. And then as soon as she finished braiding her hair, then she says, "I'll braid yours, too". So I said, "OK".

Florido: One day, her friend moved away. And gradually, the other black residents in the neighborhood did too.

Hashimoto: The black people were there. And then all of a sudden, the Japanese American – they were all coming out of camp – and one by one, it was Little Tokyo again. I thought maybe I was dreaming these stories where they were there and they were gone.

Florido: But it wasn't a dream. It is a little-known bit of LA history. Historian Christopher Jimenez y West met me in Little Tokyo. He says after the Japanese were interned, building owners had a lot of vacant property to fill. And this coincided with the arrival of many Southern blacks who came to LA for wartime jobs.

Christopher Jimenez y West: You're coming with very little resources, and so you're looking for the least expensive place to stay.

Florido: But in segregated LA, only about 5 percent of residential areas were open to blacks, including Little Tokyo. So black workers crowded in.

Jimenez y West: They just got stuffed in like sardines into the community.

Florido: The neighborhood's population nearly quadrupled. This brought problems like overcrowding and communicable disease. Still, the community was vibrant – bars, barbecue joints, jazz clubs opened where you could see Charlie Parker perform.

(SOUNDBITE OF MUSIC)

Florido: But just as quickly as it sprang up, after the war, Bronzeville disappeared. Martha Nakagawa is a local historian.

Martha Nakagawa: Japanese Americans slowly came back, and the white building-owners preferred to have them come back, so sometimes they would not renew the leases of the African American businesses. Or the Japanese Americans would come back and buy the leases out. And so that's how, slowly, the transition happened.

Florido: She says this transition created both tension and efforts at solidarity. In a couple of cases, Japanese organizations sued black business owners to get property back. Other Japanese folks worked to help displaced black residents find new places to live. Today, few physical reminders of the Bronzeville era remain. There used to be a mural with Charlie Parker, but it's been painted over. But if you're walking in Little Tokyo and you look down, you'll see a timeline etched into the sidewalk. The words, 1942 – Little Tokyo becomes Bronzeville, are inscribed in gold. Adrian Florido, NPR News, Los Angeles.

(SOUNDBITE OF GLEN PORTER'S "TRANSIENT")

TIPP

Have a close look at the sentence beginnings and all the possible sentence endings and identify their key words, so that you know what to listen for. Afterwards, you should be able to identify relevant passages in the audio text by listening for these key words. However, the listening text may also use synonyms of the key words. Therefore, focusing on the content is more helpful than waiting for an exact repetition of the words used in the tasks. The tasks usually follow the chronology of the text, so it might also help to bear that in mind when trying to focus on a specific task. Furthermore, you might sometimes feel insecure as to whether there really is only one correct sentence ending, so it can be important to exclude wrong answers. The following text passages will help you find the correct answers:

1 "She remembers her parents and neighbors <u>rushing to sell off their belongings</u>" (ll. 6/7)

2 "When they were released, the family moved back home, <u>reopened</u> their dry cleaning business." (ll. 12/13)

3 "<u>But Little Tokyo had changed</u>. It was all black. You know, all our customers was [*sic*] black. Where there used to be Japanese restaurants and shops, the businesses were now African American." (ll. 13–16) When looking at all the sentence endings for **3**, you will notice that **a** and **c** both include a negative assessment of the situation while **d** describes an "improved […] situation". Florido and Hashimoto, however, neutrally describe the changes without evaluating them.

4 "Hashimoto made her first black friend, a little girl who lived nearby." (ll. 17/18)

5 The reason why "Blacks from the South" came to LA is mentioned in lines 30 and 31: "And this coincided with the arrival of many Southern blacks who came to LA for wartime jobs." Here you have to be very exact because both "cheap housing" (option **a**) and "discrimination" (option **c**) are also mentioned: The African Americans who came were "looking for the least expensive place to stay" (l. 33), but there were not many cheap housing options available because of segregation (cf. ll. 34/35). In other words, they might have wanted to escape discrimination and find cheap housing, but they could not do so in LA.

6 "Japanese Americans slowly came back, and the white building-owners preferred to have them come back, so sometimes they would not renew the leases of the African American businesses." (ll. 43–45)

7 Nakagawa's view of the Japanese American community is factual: she does not use any adjectives, adverbs or phrases which might reveal a critical or prejudiced attitude. In addition to that, she mentions positive as well as negative outcomes of the transitions mentioned (cf. ll. 47–50). While you might be tempted to choose **b** "indifferent", that would imply that she is not interested in the Japanese American community, which is clearly not true.

8 "Today, few physical reminders of the Bronzeville era remain. There used to be a mural with Charlie Parker, but it's been painted over. But if you're walking in Little Tokyo and you look down, you'll see a timeline etched into the sidewalk. The words, 1942 – Little Tokyo becomes Bronzeville, are inscribed in gold." (ll. 50–53)

1 Sande Hashimoto remembers that Japanese Americans were …

d ☑ trying to find buyers for their possessions.

2 When the Hashimotos came back, they …

b ☑ ran the same shop as before.

3 Little Tokyo experienced …

b ☑ a demographic change.

4 When Sande Hashimoto came back, she …

a ☑ became friends with the new neighbors.

5 Adrian Florido says that Blacks from the South came to Los Angeles …

d ☑ to find employment.

6 Historian Martha Nakagawa claims that …

c ☑ landlords favored Japanese Americans over African Americans.

7 Martha Nakagawa's view of the Japanese American community seems …

d ☑ factual.

8 Today's visitors are reminded of the Bronzeville era by a …

c ☑ phrase engraved in the pavement.

Transcript 3 Young People's Literature

Kelly McEvers *(host)*: At the Library of Congress today, Gene Luen Yang officially ended his tenure as national ambassador for young people's literature and handed the baton to Jacqueline Woodson. She is the sixth children's book author to hold the position. And for the next two years, she will be encouraging children and teenagers to read and to read more. NPR's Lynn Neary talked to the two writers about the job.

Lynn Neary *(byline)*: Gene Luen Yang admits that when he became ambassador two years ago, he was a little disappointed. He thought the job would come with a few more perks.

Gene Luen Yang: Yeah. I thought there would be a crown and maybe, like, a helicopter of some kind, but none of that happened.

Neary: As she takes on the job, Jacqueline Woodson has no illusions about the perks. But if anything, she has higher expectations.

Jacqueline Woodson: My hope is that by that time I'm no longer national ambassador I'll have changed the world.

Neary: OK. So the national ambassador for young people's literature may not be the most powerful position in the nation's capital, but Yang says it has rewards of a different kind.

Yang: At a very fundamental level, I got to go to all these different places. I got to hear voices. You know, I got to hear the voices of kids.

Neary: Each ambassador gets to choose his or her own mission. For example, Jon Scieszka, who held the position first, was particularly interested in encouraging young boys to read. Yang, an award-winning graphic novelist, challenged kids to step out of their comfort zones and read about different kinds of people, unfamiliar topics or new types of books.

Yang: The nation is getting more diverse. And that is reflected in the material that draws the kids in. And I mean diversity in every sense of the word, not just cultural diversity, but also diversity of format. You know, I think kids today are more open to more different kinds of stories than kids in the past.

Neary: Yang is thrilled to be handing over the job to Jacqueline Woodson, winner of numerous awards, including the National Book Award for her memoir, *Brown Girl Dreaming*.

Woodson: I get to decide my own vision in the end about the work I want to do, how I want to do it, what rooms I want to walk into, what people I feel have not had the kind of access that they should have – mainly underserved people, people in rural communities, incarcerated people – and really point my energies in those directions.

Neary: Woodson says she'd love to get rid of labels like struggling reader or advanced reader and encourage young people to concentrate more on how a book makes them feel or think.

Woodson: Labeling is not the best way to get young people to deeply engage in reading. I mean, at the end of the day, you take the qualifier away and they're a reader. Childhood, young adulthood is fluid. And it's very easy to get labeled very young and have to carry something through your childhood and into your adulthood that is not necessarily who you are.

Neary: Woodson has come up with her own mathematical equation to spark conversation about literature.

Woodson: Reading equals hope times change. So of course it's that play on words, but it's also the fact that we come to books looking for the hope in them. And when we close a book, we're a different person than when we first opened that book. And reading begins a conversation. And my hope is that we can start having these conversations that literature triggers around the country.

Neary: Woodson sees the job ahead of her as a continuum of the work that her predecessors have started. Looking back on his own tenure, Gene Luen Yang says the national conversation Woodson hopes for is already underway.

Yang: I think that human storytelling is this long conversation about what it means to exist, what it means to live, how to live a good life. And I think being ambassador has just reinforced the importance of that conversation in my mind.

Neary: Like her predecessors, Jacqueline Woodson will be traveling all over the country to meet with young people. No helicopters or private planes will be involved. Lynn Neary, NPR News, Washington.

(SOUNDBITE OF JACK WILKINS'S "RED CLAY")

TIPP

The following text passages show you where to look for the correct answers. As always, reading the questions carefully before the first listening round will help you to identify these relevant passages.

1 "Gene Luen Yang officially ended his tenure as national ambassador for young people's literature and handed the baton to Jacqueline Woodson." (ll. 1–3); "NPR's Lynn Neary talked to the two writers about the job." (l. 5)

2 "At a very fundamental level, I got to go to all these different places. I got to hear voices. You know, I got to hear the voices of kids." (ll. 18/19)

3 "For example, Jon Scieszka, who held the position first, was particularly interested in encouraging young boys to read." (ll. 20–22)

4 "Yang, an award-winning graphic novelist, challenged kids to step out of their comfort zones and read about different kinds of people, unfamiliar topics or new types of books. The nation is getting more diverse. And that is reflected in the material that draws the kids in. And I mean diversity in every sense of the word, not just cultural diversity, but also diversity of format. You know, I think kids today are more open to more different kinds of stories than kids in the past." (ll. 22–28)

5 "what people I feel have not had the kind of access that they should have – mainly underserved people, people in rural communities, incarcerated people" (ll. 33–35)

6 "Woodson says she'd love to get rid of labels like struggling reader or advanced reader and encourage young people to concentrate more on how a book makes them feel or think. Labeling is not the best way to get young people to deeply engage in reading. […] Childhood, young adulthood is fluid. And it's very easy to get labeled very young and have to carry something through your childhood and into your adulthood that is not necessarily who you are." (ll. 36–43)

7 "And when we close a book, we're a different person than when we first opened that book. And reading begins a conversation." (ll. 47–49)

8 In line 9, it already becomes quite obvious, especially in connection with the assumption of there being a crown, that the expectation of getting a helicopter when being a national ambassador for young people's literature is rather exaggerated and cannot be meant seriously. Thus, it can only be taken as fun. Therefore, the tone evoked by the repeated reference to a helicopter (cf. ll. 9, 58) can be considered ironic, humorous, playful or mocking.

1 What do the writers Gene Luen Yang and Jacqueline Woodson have in common?
ambassadors of young people's literature/writers

2 Which rewards of his position did Yang enjoy? *(Name one.)*
going to different places/hearing voices of different kids/talking to kids

3 What did Jon Scieszka, who held the position first, try to achieve?
encouraging young boys to read

4 What does Yang mean when he refers to "diversity of format"?
new genres/new types of books/new kinds of stories/new text types/graphic novels

5 Which two examples of "underserved people" does Woodson give?
- **people in rural communities**
- **incarcerated people**

6 What effects do labels like "struggling reader" have according to Woodson?

put people in a box/are difficult to shake off (although people themselves change)/might be discouraging/prevent people from really getting into reading/distract people from concentrating on how a book makes them feel or think

7 What does Woodson say about the ideal effect of reading a book?

changing the reader/beginning a conversation

8 What tone is evoked by the repeated reference to a helicopter?

ironic/humorous/playful/mocking

TEIL II & III: READING COMPREHENSION & TEXT PRODUCTION

Teil II: Reading Comprehension

TIPP

The given text is not a newspaper article but an excerpt from a novel. The language in fictional texts is usually more stylized and metaphorical and therefore sometimes open to interpretation. Some of the questions here deal with characters' attitudes and opinions, which you might have to infer from their behaviour instead of finding them explicitly expressed in the text. It is also important to be aware of the respective situations the characters in the novel are in: when dealing with direct speech, you should always bear the communicative situation (Who says what to whom?) in mind. The situation in the given text is easier to understand if one reads the introductory paragraph written in italics before reading the text itself. The tasks follow the chronology of the text. However, bear in mind that the given text does not only contain one event but two different ones.

1 The Obama supporters at the dinner party in Manhattan are described as:

☑ naive

☑ ardent

❶ quote 1:

line 4: "'Obama will end … in this country'"

❷ quote 2:

line 3: "all fervent Obama supporters"

	true	false
2 Ifemelu cannot understand why the Haitian poet describes her biracial relationship as unproblematic.	☐	☑

lines 12/13: "Even though Ifemelu … We Have Come"

3 When Ifemelu says, "I did not think of myself as black and I only became black when I came to America" (ll. 20/21), she means **that unlike in her country of origin, race is a widely discussed topic in US society and politics./that she comes "from a country where race was not an issue" (ll. 19/20), but in America "race matters" (l. 23). (This why being black has started to play a significant role for Ifemelu's identity.)**

4 African Americans often choose not to confront latent racism because they do not want …

☑ to come across as thin-skinned.

lines 24–26: "We don't even … being too sensitive."

5 The host is content with Ifemelu's outburst because …

☑ it will make her party memorable.

lines 34/35: "the most unforgettable … potentially offensive, things."

	true	false
6 In hindsight Ifemelu seems to regret what she says at the party.	☑	☐

lines 41/42: "she would later … and the poet."

	true	false
7 Curt thinks that race does not matter in America.	☐	☑

lines 47–49: "And it was … they were not."

8 When white women see Curt with Ifemelu, their looks suggest that **they cannot understand why an attractive, successful white man chooses an African American as his girlfriend.**

9 Which word describes Ifemelu's feelings when out with Curt in public best?

☑ exasperated

lines 67–69: "her amusement curdled … of needing protection."

1 **TIPP**

Your solution should contain three parts:
- an introduction in which you explain the quote in your own words
- a part in which you analyse the given excerpt and relate it to the quote
- a part in which you relate Walt Kowalski to the quote

You can start by brainstorming about Western values and what threatens them. Apart from the topics discussed in your English class like migration, multicultural society and globalisation, you can also draw on your knowledge from subjects like geography, history and politics.

Possible key points are:

Introduction
- definition of identity crisis
- causes for the West's identity crisis: globalisation, migration, rise of new economic superpowers

White people in the text
- discussions of race among friends make white people feel uncomfortable since they are unwilling to deal with the realities of multicultural America
- Ifemelu and Curt cannot talk about racial issues openly and sincerely
- Curt's friends feel threatened by his relationship with Ifemelu: poster boy for white maleness and black woman

Walt Kowalski
- identity as white American male challenged
- family and other values: wife dead and relationship to children dysfunctional
- veteran of Korean War: hatred of Asians in general, but has to deal with the growing Asian population in his once-white hometown
- ambivalent relationship with Asian neighbours: wants to be left alone, but helps Thao and his sister

If someone is having an identity crisis, it means that they do not really know who they are any longer and feel insecure about their opinions, values and relationships. The so-called West used to be the dominant force in the world and promoted clear-cut aims and values. Today, Western societies are being challenged by globalisation, migration and the rise of economic superpowers like China, which causes many insecurities for individuals and governments alike. When Marianne Williamson says that the Western world is having an identity crisis, she seems to doubt that the West's formerly untouchable and confident self-definition is valid any longer.

In the excerpt from *Americanah*, this identity crisis becomes apparent both in the way Ifemelu and Curt communicate with each other and in the way white people react when they are first introduced to Ifemelu by Curt. According to Ifemelu, racial matters cannot be addressed openly in conversations with white people because they are not prepared to face the fact that it is not true that "race doesn't matter" (l. 31) in the United States. So, Ifemelu and other people with African roots choose to "say [...] what [they]'re supposed to say, to keep [their] nice liberal friends comfortable" (ll. 31/32). The result of this is that an honest exchange about race and identity cannot take place. The way Ifemelu and Curt talk about race exemplifies this: they either talk about it in a "slippery way" (ll. 44/45) or "as jokes" (l. 46), but not honestly and frankly. Generally, the whites in the novel want to believe that their country is tolerant and open-minded, but they seem to be unable to deal with it not being that way in reality.

In a similar way, Curt's circle of acquaintances seems unable or unwilling to embrace America's multi-ethnicity completely and rather feel threatened by it. When Curt introduces his girlfriend Ifemelu at a cocktail reception, some people react with surprise, a surprise that Ifemelu interprets as "[t]he look of people confronting a great tribal loss" (ll. 59/60). Ifemelu's blackness matters even more since Curt is not just white but a rich blonde Adonis – and therefore represents a century-old Western ideal of beauty and virility that now seems in danger of being watered down.

Walt Kowalski from the film *Gran Torino* also finds himself in a situation in which his identity as a white American is challenged. This can be seen in his relationship with his family, in his general values and especially in his attitude towards immigrants. Kowalski is a widower. His wife Dorothy has died, and now he is alone, bitter and has a very difficult relationship with his sons and their families. He perceives his relatives as rude, spoiled and self-absorbed and thinks they only pay him some attention if it is in their own interest. So instead of being proud of having children and being able to pass something on to them, he has the feeling that the generation that follows him is rather "degenerate". In a similar way, Walt's attitude to other traditional American values, such as the belief in God or patriotism, seems to be confused as well.

Kowalski served in the US military during the Korean War. This intense, life-changing experience shaped his character and he returned from the war with a deeply pessimistic worldview. His attitude becomes especially evident in his hatred for the Asian immigrants living in his neighbourhood. He hates to see his once "pure" town become a land of foreign dialects. However, to some extent, Walt's relationship with his Hmong neighbours is ambivalent. On the one hand, he is not very keen on having close contact with them. On the other hand, he helps Thao and his sister when they are threatened by an Asian gang and finally he even sacrifices his own life in order to save the two.

In conclusion, one can say that, similar to Walt's very personal situation, Western identity is currently being challenged by several factors. On the one hand, there is the question of whether the following generations will be able to maintain certain ideals and values our civilisation is founded on. On the other hand, there is the much more visible fact that because of migration and the emergence of multi-ethnic societies, Western civilisations have to redefine themselves and negotiate their identities in the face of many different influences. The fact that Walt Kowalski befriends his neighbour Thao in the course of the movie *Gran Torino* can be seen as a symbol of the possibility that Western identity will be able to evolve, renew itself and therefore regain confidence.

(768 words)

2a **TIPP**

The assignment comprises two parts: an interpretation of the cartoon and your comment on its message. In the first part, you should follow the procedure of analysing a cartoon, which means first describing the scene, the people and the action (remember to use the present progressive, e. g. "he is holding a gun in his hand"), and then explaining its message. In your comment, you should explain your own view on the cartoon's message. Of course, you can also include your background knowledge.

Possible key points are:

Description of the cartoon

- setting: New York, Liberty Island
- people: policeman on pedestal, African American in headlock
- text: cloud-shaped speech-bubble with changed version of "The New Colossus"

Message of the cartoon

- topic: racial profiling, injustice and inequality
- artist criticises the fact that African Americans are discriminated against by the police

Comment

- background: cases of African Americans who were shot by police, Black Lives Matter movement
- general problem: inequality in many areas of American society
- opinion: policy changes required

The cartoon "The New Colossus" by Joseph Rank deals with racial profiling in the United States. In the background there is the skyline of a city that is surrounded by water. The focus of attention is on a Caucasian policeman and an African American in the foreground. The policeman is standing on a pedestal and raising his right arm towards the sky. He is holding a gun in his right hand and has the African American in a headlock with his left hand. On the right-hand side there is a cloud in which you can read the second stanza of Emma Lazarus's poem "The New Colossus". However, some words have been altered: Instead of "I lift my lamp beside the golden door", the cartoonist wrote "And I'll take care of 'em for ya".

Since the policeman is standing on a pedestal and the cartoon is entitled "The New Colossus" – like Emma Lazarus's poem – it can be assumed that he has replaced the Statue of Liberty. Lady Liberty is a symbol of freedom and hope, especially for immigrants who come to the United States in search of a better life. Instead of holding a lamp guiding and welcoming immigrants, the policeman is holding a gun. This suggests that freedom and hope have been replaced by fear and threat. This is intensified by the fact that the policeman has the African American in a headlock. The original poem implies that the United States is open and caring towards immigrants from all over the world. In contrast, the line "And I'll take care of 'em for ya" uses a different connotation of the verb "take care": what it means is that the American state, represented by the police, does not treat all citizens impartially but discriminates against some citizens – especially African Americans by targeting them in police investigations.

The message of the cartoon is that from a country promising freedom, equality and hope to all, the United States has developed into a state in which racial profiling is a common occurrence. It thereby alludes to the fact that African Americans are very often the victims of excessive police violence. The Black Lives Matter movement, for instance, was founded in response to several cases where African Americans were shot by policemen, apparently without any reason at all, as they were often unarmed and did not pose any serious danger.

In my opinion, the cartoon depicts a fitting image of injustice and inequality between different races in America. However, it presents only one example of a further-reaching conflict. Inequality occurs in policing, but also in the educational system, in the workplace and in housing. Still, African Americans are more likely to be detained by the police or suspected of a crime; they have the largest number of high school drop-outs; they are less likely to obtain a managerial position, and they often live in poorer, less developed parts of cities.

In order to fulfil the original dream connected with the Statue of Liberty as well as the aims of the American Constitution, politicians should take these problems more seriously and offer effective solutions. Only then can the country truly claim its "golden door" is open to everyone in equal measure. *(535 words)*

2b **TIPP**

In this task, you are given a quote from the text, which you should contextualise in your answer. "Discuss" requires you to consider all sides of an issue, by providing relevant arguments and concrete examples. Your answer should contain four parts:

- an introduction
- arguments speaking for (against) the statement
- arguments speaking against (for) the statement
- a conclusion

Introduction

- context: first African American president
- election campaign raised high hopes (cf. e. g. given excerpt)

Arguments for the statement

- Obama as symbol of equality, leader of one of the most powerful countries in the world
- policies and acts aimed at ending discrimination
  - Affordable Care Act
  - overruling sentences (reducing the number of incarcerated African Americans)
  - appointment of two black attorneys general

Arguments against the statement

- facts and figures that still reveal inequality
  - African American men still six times more likely to be imprisoned
  - police violence against African Americans
  - largest number of high school dropouts and lower number of college graduates among African Americans
  - high level of poverty among African Americans
- Trump's policies
  - successful election campaign based on xenophobic agenda
  - border fence
  - revocation of DACA

Conclusion: statement is unrealistic

- too big a task for one person
- individual level/everyday racism cannot be controlled
- racism often subconscious

Barack Obama was the first African American to become president of the United States of America. After his first successful campaign, African Americans all over the country celebrated his presidency as a visible sign of true equality between the races, or – at least – as an important step towards this goal. However, did he actually achieve this tall order?

On the one hand, Obama achieved a lot, not least at a symbolic level: the fact that a member of an ethnic minority could become the leader of one of the most powerful countries in the world inspired many US citizens who are members of minorities, and not only African Americans. Additionally, some of Obama's political decisions were aimed at ending discrimination. The Affordable Care Act, often referred to as Obamacare, for example, made the number of uninsured black Americans diminish by a third. Furthermore, maybe in a bid to decrease the rate of black incarceration, he commuted the sentences of hundreds of prisoners. Obama overruled more sentences than any of his predecessors. Moreover, he appointed two black attorneys general, who revitalised the work of the justice department's civil rights division, which had not been a priority in the years before Obama took office.

On the other hand, facts and figures continue to reveal a different picture: African American men are still six times more likely to be incarcerated by the US judicial system than Caucasian Americans. Police violence towards African Americans hits the news almost every week. The educational system reveals a similar picture: African American teenagers are the largest group among high school dropouts. The share of college graduates is also much lower among African Americans than among Asian Americans or whites. This in turn leads to African Americans on average being less well-off than most of the other races in the United States.

To compound these problems, African Americans are not the only group that has to deal with prejudice and distrust. Political measures like Trump's proposal for a border wall or his decision to revoke DACA, Obama's "dreamers" programme intended for the protection of illegal minors, show that racism and prejudice are alive and kicking in the United States. Trump's election success, despite or maybe even because of his xenophobic agenda, seems to show an increase rather than a decrease in racism in the United States.

In conclusion, it is probably unrealistic to expect one man to end racism in all its different guises and at so many levels throughout society. Especially on an individual level, it possibly takes years and also educational and other reforms to achieve the aim of a more tolerant society. Only if everyone questions their own often subconscious mistrust and racial stereotypes can racist tendencies be combatted at large. *(456 words)*

TEIL I: LISTENING COMPREHENSION

Task 1: BBC News

You will hear several items from the BBC radio news. Choose from the list (A–H) which description applies to which news item (1–7). For each item there is only one correct answer. Put the letters (A–H) into the correct box. There is one more description than you need.

	Description
A	Call for less pride and vanity
B	Conflict leading to migration
C	Favourable outcome
D	Highly skilled assault
E	Long-awaited decision
F	People affected by administrative failure
G	People suffering in conflict
H	Politician demanding solidarity

News item	1	2	3	4	5	6	7
Description A–H							

Task 2: Scottish History

Listen to a radio report. While listening, complete the table. Do not write complete sentences.

1 Information about who wrote the manuscript:	
2 Original function of the manuscript:	
3 Reason why the 1563 law only applied to Scotland:	
4 Nature of interrogations:	
5 Significance of publication:	

Task 3: Native Americans in Wyoming

Listen to a radio report. While listening, tick (✓) the correct answer (a, b, c or d). There is only one correct answer.

1 Some inhabitants have to leave the Wind River Reservation because …

- **a** ☐ life there does not appeal to them.
- **b** ☐ the reservation is overcrowded.
- **c** ☐ they cannot find an apartment.
- **d** ☐ they try to find employment.

2 Ken Hebah …

- **a** ☐ has serious financial problems.
- **b** ☐ is forced to stay with a relative.
- **c** ☐ prefers to live with his extended family.
- **d** ☐ wants enough room to host friends.

3 The Department of Housing and Urban Development …

a ☐ encourages landlords to rent to Native Americans.
b ☐ found out that housing discrimination is rarely reported.
c ☐ helps Native Americans to pay the rent.
d ☐ reports housing discrimination to the courts.

4 Landlord Dave Kellogg …

a ☐ has tough regulations for future tenants.
b ☐ refuses to rent to Native Americans.
c ☐ regularly renovates his apartments.
d ☐ specializes in housing for large families.

5 Kellogg says that Native Americans …

a ☐ cannot afford his apartments.
b ☐ must include a CV in their applications.
c ☐ often provide incorrect personal information.
d ☐ usually cannot fulfil his conditions.

6 The reporter, Melodie Edwards, says that Native Americans often …

a ☐ cause financial damage to their landlords.
b ☐ like to avoid renovation costs.
c ☐ prefer to rent from other Native Americans.
d ☐ wish to share their home with relatives.

7 Lyle Konkol …

a ☐ criticizes the checking of credit histories.
b ☐ insists on equal rights for all.
c ☐ suggests landlords should limit the number of tenants.
d ☐ wishes to avoid legal complications.

8 Jane Juve …

a ☐ claims courts have acted inappropriately.
b ☐ facilitates communication between Native Americans and others.
c ☐ organizes workshops for Native American tenants.
d ☐ works to improve the housing situation on the reservation.

Task 4: Choosing a College Major

Listen to a radio commentary. While listening, tick (✓) the correct answer (a, b, c or d). There is only one correct answer.

1 Stella Lau thinks her father …

- **a** ☐ considers art an important part of education.
- **b** ☐ expects her to put family before career.
- **c** ☐ values financial success above all else.
- **d** ☐ will force her to study a science.

2 Stella Lau …

- **a** ☐ concludes their argument with a compromise.
- **b** ☐ makes a well-considered, independent decision.
- **c** ☐ meets her parents' hopes and wishes.
- **d** ☐ seriously considers her father's advice.

Bei den für Set 2 abgedruckten Aufgaben zum Hörverstehen handelt es sich um die Original-Aufgaben des Hörverstehensteils der zentral gestellten Kursarbeit 2018 in Rheinland-Pfalz.

TEIL II & III: READING COMPREHENSION & TEXT PRODUCTION

Text Jean Kwok: *Girl in Translation*

After a bit of searching, I found the classroom and knocked weakly on the door.

A deep, muffled voice came from behind the door. "You're late! Come in."

I pushed it open. The teacher was a man. I learned later his name was Mr. Bogart. He was extremely tall, so that his forehead was level with the top of the blackboard, with a raspberry nose and a head bald as an egg. His green eyes seemed unnaturally light to me in his wide face and his stomach stuck out from under his shirt. He was writing English words on the blackboard, from left to right.

"Our new student *eye-prezoom*?" He gave a strange smile that made his lips disappear, then he looked at his watch and his lips reappeared. "You're very late. What's your *exsu*?"

I knew I had to answer so I guessed. "Kim Chang."

He stared at me for a second. "I know what your name is," he said, enunciating each word. "What's your *exshus*?"

A few of the kids snickered. I took a quick look around: almost all black with two or three white kids. No other Chinese at all, no help in sight.

"Can't you speak English? They said that you did." This came out as a kind of grumbled whine. Who was he talking about? He took a breath. "Why are you late?"

This, I understood. "I sorry, sir," I said. "We not find school."

He frowned, then nodded and waved at an empty desk. "Go sit down. There."

I sat down in the seat he had indicated, next to a chubby white girl with frizzy hair that stuck out in all directions. My fingers were shaking so much that I fumbled with my pencil case. It opened and everything in it clattered on the floor. Now most of the class laughed and I scrambled to pick up my things. I was so flushed I could feel the heat not only in my face but in my neck and chest. The white girl also bent down and picked up a pen and a pencil sharpener for me.

Mr. Bogart continued writing on the blackboard. I sat up straight and folded my hands behind my back to listen even though I couldn't follow it at all.

He glanced at me. "Why are you *see something that*?"

"I sorry, sir," I said, but I had no idea what I'd done wrong this time. I looked around at the other students. Most of them were sprawled in their chairs. Some had sunk so low that they were practically lying down, some were leaning on their elbows, a few were chewing gum. In Hong Kong, students must fold their hands behind their backs when the teacher is talking, to show respect. Slowly, I loosened my arms and placed my hands on the desk in front of me.

Shaking his head, Mr. Bogart turned back to the blackboard.

Our class went to the school cafeteria for lunch. I had never seen children behave the way these Americans did. They seemed to be hanging from the beams on the ceilings, shrieking. The lunchroom ladies roamed from table to table, yelling instructions no one heard. I had followed the other children and slid a tray across a long counter.

Different ladies asked me questions and when I only nodded, they plopped foil-covered packages on my plate. I wound up with this: minced meat in the form of a saucer, potatoes that were not round but had been crushed into a pastelike substance, a sauce similar to soy sauce but less dark and salty, a roll and milk. I had hardly ever drunk cow's milk before and it gave me a stomachache. The rest of the food was interesting, although there was no rice, so I felt as if I hadn't really eaten.

After lunch, Mr. Bogart gave out sheets of paper with a drawing of a map.

"This is a pop *quick*," he said. "Fill in *allde captal see T's*."

The other kids groaned but many of them started writing. I looked at my piece of paper and then, in desperation, glanced at the white girl's sheet to try to see what we were supposed to do. Suddenly, the sheet of paper slid out from under my fingers. Mr. Bogart was standing next to me with my test in his hands.

"No *cheap pen*!" he said. His nose and cheeks were flushed as if he were getting a rash. "You a *hero*!"

"I sorry, sir –" I began. I knew he wasn't calling me a hero, like Superman. What had he said? Although I'd had basic English classes in school in Hong Kong, my old teacher's accent did not in any way resemble what I now heard in Brooklyn.

" 'I'mmm'," he said, pressing his lips together. " 'I'm sorry.' "

"I'm sorry," I said. My English mistakes clearly annoyed him, although I wasn't sure why.

Mr. Bogart wrote a large "0" on my paper and gave it back to me. I felt as if the zero were fluorescent, blinking in neon to the rest of the class. What would Ma say? I'd never gotten a zero before, and now everyone thought I was a cheat too. My only hope was to impress Mr. Bogart with my industry when we cleaned the classrooms after school. If I'd lost any claim to intelligence here, I could at least show him I was a hard worker.

But when the last bell finally rang, all of the other kids ran out of the room. No one stayed behind to mop and sweep the floors, put up the chairs or clean the blackboards.

Mr. Bogart saw me hesitating and asked, "Can I help you?"

I didn't answer and hurried from the classroom. *966 words*

Annotation

line 12: to enunciate: to say or pronounce words clearly

Teil II: Reading comprehension

Instructions:
- Tick the correct statement or statements as indicated.
- Give a quote from the text to support each correct statement: the line number(s) plus the first three and the last three words of the quote.
- If the quote is less than six words, write down the full quote.

1 Tick the correct statement.

The teacher, Mr. Bogart, …

☐ welcomes the new student.
☐ ignores the new student.
☐ is expecting the new student.
☐ is confused about the newcomer.

line(s) ______: ____

____

2 Tick the correct answer.

	true	false
Kim does not understand Mr. Bogart's first question.	☐	☐

line(s) ______: ____

____

3 Tick the correct statement.

Kim's impression of school lunch:

☐ She likes everything on offer and therefore orders a variety of different foods.
☐ She enjoys the lively atmosphere in the school cafeteria.
☐ She misses the rice in her meal.
☐ She has never had cow's milk before.

line(s) ______: ____

____

4 Tick the correct statement.

Kim is given a zero in the pop quiz because …

☐ she copies the answers from the girl next to her.
☐ she makes a lot of mistakes because she does not understand the instructions.
☐ she looks at the sheet of the girl next to her to understand what to do.
☐ she does not know any capital cities.

line(s) ______ : ____

____

5 Complete the sentence.

Kim knows some basic English, but ____________________________________

____.

6 Complete the sentence.

After classes Kim wants ______________________________________

____.

7 Write the correct letters in the boxes provided.

Match the adjectives to describe Kim's behaviour and that of her classmates. Two adjectives are not needed.

A self-conscious
B mocking
C unruly
D aggressive
E industrious
F insulting

Kim	**Kim's classmates**
1.	1.
2.	2.

Teil III: Analysis

1 Analyse how the author manages to convey Kim's feelings of alienation.

Teil III: Composition

Choose *one* of the following:

2a In a conversation about guilt, the waitress Marla and Silas express the following views,

"Well, sugar," [she said, limping off,] "don't be too hard on yourself. Now and again it's okay to let yourself off the hook."
But that was his trouble, wasn't it? Letting himself off the hook had been his way of life.

Tom Franklin: Crooked Letter, Crooked Letter. *London: Pan Books, 2014. p. 273.*
Copyright © 2010 by Tom Franklin

Comment on the views expressed with reference to Silas's "way of life".

or

2b In *Gran Torino*, the older Hmong speak their native language, the younger generation speaks both English and Hmong.

Comment on the importance of language for the integration of migrants.

Lösungsvorschlag

TEIL I: LISTENING COMPREHENSION

Transcript 1 BBC News

BBC News with Eileen McKue.

1 A senior EU official has warned that the scale of migration across the Mediterranean from North Africa to Italy is untenable. About 10,000 people are reported to have attempted the journey in the past few days. The EU's Commissioner for Migration said all EU member states had a humanitarian obligation to save lives.

2 United Nations says at least 173 civilians have been killed this month in the Syrian city of Raqqa where western-backed forces are trying to drive out Islamic State militants. It's believed that up to 100,000 local people are trapped by the fighting.

3 Relatives of the 96 Liverpool football fans who were killed at Hillsborough Stadium nearly three decades ago have welcomed the announcement of criminal charges against six people. Those facing charges include the police commander on the day of the game in Sheffield.

4 The Brazilian authorities have suspended the issuing of passports, as the country approaches its peak travel season, because of a budget crisis. The country is suffering its worst recession in decades. The government said it would try to allocate more money for passports.

5 Gunmen in Libya have attacked a UN convoy. Seven United Nations staff were seized near the western town of Surman. They have now been handed over unharmed to local security forces. The UN convoy was in the town to visit a migrant detention centre.

6 The European police agency has warned that the cyberattacks spreading around the world appear to be even more sophisticated than last month's devastating wave of attacks. It's said the latest version called "Petya" completely overrides the files making them irretrievable.

7 And Pope Francis has been holding a ceremony to create five new cardinals. He told them not to be misled by the traditional description of cardinals as "Princes of the Church" but instead to be humble and help the poor.

BBC News.

BBC WorldService, BBC News Summary, 2017/03/01, www.bbc.co.uk/programmes/p04tnn56

TIPP

To match the descriptions with the respective news item, you should first of all identify the key words in the descriptions and then listen for similar key words in the news items. However, the listening text may also use synonyms of the key words. Therefore, focusing on the content is more helpful than waiting for an exact repetition of the words used in the descriptions. If you cannot match all the items after the first listening, it might be helpful to cross out the options you have already allocated. Then you can focus on the remaining ones and the items you had trouble with.

These text passages will help you find the correct answers:

1. News item **1** is a typical example where an exclusive focus on key words (without taking the larger context into account) can be misleading: While the item is about "migration" (ll. 2/4), **B** is not the right answer. There is no mention of the conflict which makes people emigrate, but rather "[t]he EU's Commissioner for Migration" (l. 4), in other words, a politician, demands solidarity when he calls helping the migrants "a humanitarian obligation to save lives" (l. 5).
2. Description **G** might seem difficult to allocate because it seems rather general and therefore fitting to more than one item. However, the key words "[p]eople suffering" and "conflict" can best be connected to people being "killed" (l. 6) or "trapped by […] fighting" (l. 8).
3. To match news item **3** to the fitting description, it is especially important that the incident at the football stadium took place "nearly three decades ago" (l. 10) and that "the announcement of criminal charges" (l. 10) has therefore long been overdue.
4. News item **4** is an especially tricky case. What you should recognise is that the "authorities" (l. 13) and "[t]he government" (l. 15) are mentioned twice and they have to deal with an unfavourable situation. When you deduce that the non-issuing of passports (cf. l. 13) will affect many people, especially in the "peak travel season" (l. 14), you have the right answer: People are affected by mistakes the government has made, in other words "by administrative failure" (**F**).
5. For news item **5**, only one sentence is really important, namely "They have now been handed over unharmed to local security forces" (ll. 18/19).
6. The word "sophisticated" (l. 22) can be seen as a synonym for "[h]ighly skilled" (**D**).
7. Pope Francis's call "to be humble and help the poor" (l. 27) and "not to be misled by the traditional description of cardinals as 'Princes of the Church'" (ll. 26/27) is a "[c]all for less pride and vanity" (**A**).

News item	1	2	3	4	5	6	7
Description A–H	H	G	E	F	C	D	A

Transcript 2 Scottish History

Lourdes Garcia-Navarro *(host)*: And now for some 350-year-old gossip. London's Wellcome Library has digitized a manuscript called "Names of Witches in Scotland 1658". It records everyone accused of witchcraft in the country between 1658 and 1662. The list has also been posted on a genealogy website for those who may want to find out if their own family members got caught up in Scotland's witch-hunting fever. Christopher Hilton is the senior archivist at the Wellcome Library. He joins us now from London.
Thanks so much for being with us.

Christopher Hilton: Thank you for having me.

Garcia-Navarro: So tell us about this manuscript, number 3,658, I believe. Who wrote it? Where does it come from?

Hilton: Right. OK. Well, it's essentially a list of names produced in Scotland in 1658, summarizing people accused of witchcraft. It didn't actually start out as a book. It began as a set of loose papers in five separate handwritings, presumably sent in from people dotted around Scotland in various locations. It's been collated, brought together, in Edinburgh and then folded up very small at some stage, presumably so that it could be carried around by a court messenger who was then convening trials in various locations.

Garcia-Navarro: Well, let's step back a minute. Can you give us a bit of a history lesson? You know, I'm sure a lot of our listeners have heard of the Salem witch trials in the late 1600s or, you know, read *The Crucible* in high school. But what was it like in Scotland during this time period?

Hilton: The prosecutions that were being talked about in this particular document were launched under the Witchcraft Act of Scotland, which was passed in 1563. Now, at the time that it was passed, Scotland was a completely independent kingdom. And nothing like this Witchcraft Act existed in England and Wales, south of the border. So there is a distinctly Scottish flavor to witchcraft trials. And it seems to have gone on for 150 years or so. It was a fairly steady element in Scottish life.

Garcia-Navarro: So what was the criteria back then to accuse someone of being a witch?

Hilton: The Witchcraft Act is notoriously baggy actually, notoriously vague. You were a witch if somebody thought you were a witch. I think we can hazard a guess as to some of the things that went on. I'm sure that in some cases people were genuinely casting spells and attempting to influence the world around them through what we would understand as magic now. In other cases, they doubtless were attempting folk medicine, carrying out things that we would see as more scientific.

Garcia-Navarro: And just to remind people, what happened to these people after they were accused and possibly found guilty?

Hilton: You would be almost certainly interrogated in ways that breach any legal protocol now. As far as we're aware, about 4,000 people that we know of were accused of witchcraft during the currency of the act. And about 2,000 people were executed. So you had about a 50/50 chance of coming out of the process alive. But equally well, it would – you know, it was clearly not good news to be accused.

Garcia-Navarro: Why do you think it's important to make these records public?

Hilton: I think there are a whole range of uses to which one could put them. One of the things that this document does is make people aware that what we now think of as scientific medicine is something that has evolved over time. It basically gets people thinking about – what do we think of as being proper science? What do we think of as being magic? What do we think of as alternative medicine? And have the boundaries changed? We may come to think of quantum chromodynamics or something like that as – in the same way that we now think of witchcraft.

Garcia-Navarro: Christopher Hilton, senior archivist at the Wellcome Library, thank you so much for being with us.

Hilton: Thank you for having me.

TIPP

It is really important to make good use of the time you have to read the assignments before you listen to the recording for the first time: That way you will know to which questions and answers (in the interview) you have to pay close attention.

The following text passages will help you to find the correct answers:

1. Here the question, "Who wrote it?" (ll. 10/11), should trigger your attention. The answer can be found in lines 13 to 15, "It began as a set of loose papers in five separate handwritings, presumably sent in from people dotted around Scotland in various locations."
2. "it's essentially a list of names produced in Scotland in 1658, summarizing people accused of witchcraft" (ll. 12/13); "it could be carried around by a court messenger who was then convening trials in various locations." (ll. 17/18)
3. "Scotland was a completely independent kingdom. And nothing like this Witchcraft Act existed in England and Wales, south of the border." (ll. 25/26)
4. "You would be almost certainly interrogated in ways that breach any legal protocol now." (ll. 38/39) You can either use the exact wording of the recording or simply describe the nature of the interrogations in your own words.
5. For number 5, there is once more a question in the interview that should trigger your attention, "Why do you think it's important to make these records public?" (l. 43). The answer can be found in Christopher Hilton's explanation: "One of the things that this document does is make people aware that what we now think of as scientific medicine is something that has evolved over time. It basically gets people thinking about – what do we think of as being proper science? What do we think of as being magic? What do we think of as alternative medicine? And have the boundaries changed?" (ll. 44–49)

1	Information about who wrote the manuscript:	five different people from various locations in Scotland
2	Original function of the manuscript:	list of accused people carried around by court messenger to convene trials in various locations
3	Reason why the 1563 law only applied to Scotland:	Scotland an independent kingdom
4	Nature of interrogations:	would breach today's legal protocols/cruel
5	Significance of publication:	can clarify how the boundary between science and magic/our understanding of medicine/science has evolved

Transcript 3 Native Americans in Wyoming

Ari Shapiro *(host)*: A severe lack of housing on American Indian reservations means that many Native Americans who would prefer to live there are instead forced to rent a home in a community nearby. That's the case for the Wind River Reservation in central Wyoming. Some tribal members there are still struggling to find places to live because of what they say is racial discrimination. Wyoming Public Radio's Melodie Edwards reports.

Melodie Edwards *(byline)*: Ever since last summer, Ken Hebah has been unable to find a place to live. The Eastern Shoshone member says he doesn't need much.

Ken Hebah: More like a – maybe, like, a one-bedroom just for me.

Edwards: Until Hebah finds his own place, he's living at his sister's house on the reservation. He's a nurse with good credit history, but he says somehow, landlords just won't rent to him.

Hebah: That's the first question: Do you party? Do you drink? Do you have a lot of people? They already assume I'm going to do something like that, and that's where I feel I'm being discriminated because of my race.

Edwards: The most recent study from the Department of Housing and Urban Development shows that one in four Native Americans has experienced housing discrimination, but few get around to filing formal complaints. In the last ten years, only four people did so in this county, and Hebah wasn't one of them.

Dave Kellogg: This is an apartment house, and interestingly, this little trailer court is mine also.

Edwards: I'm taking a ride with landlord Dave Kellogg in his old VW Bug to see some of the apartment buildings he owns in the area.
There aren't …

Kellogg: I just basically rent the space.

Edwards: Yeah. Mostly, Kellogg rents affordable two-bedroom, one-bath apartments. But he's learned to set strict rules after shelling out $ 15,000 repairing one apartment complex he says was trashed by former tenants. Since then, he requires detailed credit histories and plenty of references.

Kellogg: The Native Americans are less able, in many instances, to meet the amount of information I want to have on the credit application.

Edwards: Like, can you give me some examples?

Kellogg: A lot of them don't have a bank account.

Edwards: Kellogg tries to be flexible, but he says he can't treat his rental business like a charity. Still, there are some things he won't budge on, like only allowing one family per apartment. This rule might be the hardest for Native Americans because many want to live in extended families in the same home. Kellogg had a problem with one Native family a few years back.

Kellogg: All of a sudden, there was five kids in the apartment. And nobody wanted to admit to where they came from or do anything about getting them out. So I – we ended the rental agreement with some damage, I might add.

Lyle Konkol: No, you cannot put a number on how many people can live in a unit.

Edwards: That's Lyle Konkol, field director for the Department of Housing and Urban Development in Wyoming. He says you especially can't put a number on family members. Konkol says most landlords discriminate unknowingly. For instance, Kellogg was in his rights to use a strict credit application.

Konkol: Here's the key. If you treat them like you treat everybody else in your application process, that's acceptable. But everyone has to be treated the same.

Edwards: Konkol says in order to better know how pervasive such discrimination is, he wishes more Native Americans would file complaints. Jane Juve is trying to help tribal members do just that. She's the liaison in the nearby city of Riverton between tribal and non-tribal communities. Since she's been on the job, she's found that many Native Americans are reluctant to file complaints because of longstanding mistrust of government agencies.

Jane Juve: Just because you report something doesn't mean you lose control of that process, OK? You don't.

Edwards: To that end, Juve recently offered a landlord training on Fair Housing law, and she made it easier to find the complaint form by posting it on the city's website. For NPR News, I'm Melodie Edwards on the Wind River Reservation.

(SOUNDBITE OF CLAP YOUR HANDS SAY YEAH SONG, "BLUE TURNING GRAY")

TIPP

Have a close look at the sentence beginnings to know on which text passages you have to focus your attention. When you have identified the passage a certain sentence refers to, check all the possible sentence endings in detail: Which of them can immediately be discarded? Which use key words that reappear in the listening text? Which use other words or synonyms to describe the circumstances mentioned in the text? Make good use of both listening rounds by using the first to solve the easier tasks, the second to exclude any sentence endings about which you are still in doubt.

The following text passages will help you find the correct answer:

1 "Some tribal members there are still struggling to find places to live because of what they say is racial discrimination." (ll. 4/5) You might be tempted to choose solution **b**, "the reservation is overcrowded". However, on closer inspection, the more general sentence ending **c**, "they cannot find an apartment" is more fitting. There are probably not too many people on the reservation, the regulations just make it difficult for Native Americans to be granted access to the existing space.

2 "Until Hebah finds his own place, he's living at his sister's house on the reservation." (ll. 10/11)

3 "The most recent study from the Department of Housing and Urban Development shows that one in four Native Americans has experienced housing discrimination, but few get around to filing formal complaints. In the last ten years, only four people did so in this county" (ll. 16–19)

4 "he's learned to set strict rules after shelling out $ 15,000 repairing one apartment complex he says was trashed by former tenants. Since then, he requires detailed credit histories and plenty of references." (ll. 27–29)

5 "The Native Americans are less able, in many instances, to meet the amount of information I want to have on the credit application." (ll. 30/31)

6 "only allowing one family per apartment. This rule might be the hardest for Native Americans because many want to live in extended families in the same home." (ll. 35–37)

7 "If you treat them like you treat everybody else in your application process, that's acceptable. But everyone has to be treated the same." (ll. 47/48)

8 "She's the liaison in the nearby city of Riverton between tribal and non-tribal communities." (ll. 51/52) Once more, you might be tempted to think that **c** is correct because of the "training" (l. 57) Juve offered. However, when you listen closely, you will see that the mentioned training is for landlords, not for Native American tenants. Once more, the more general solution is the correct one.

1 Some inhabitants have to leave the Wind River Reservation because …

c ☑ they cannot find an apartment.

2 Ken Hebah …

b ✓ is forced to stay with a relative.

3 The Department of Housing and Urban Development …

b ✓ found out that housing discrimination is rarely reported.

4 Landlord Dave Kellogg …

a ✓ has tough regulations for future tenants.

5 Kellogg says that Native Americans …

d ✓ usually cannot fulfil his conditions.

6 The reporter, Melodie Edwards, says that Native Americans often …

d ✓ wish to share their home with relatives.

7 Lyle Konkol …

b ✓ insists on equal rights for all.

8 Jane Juve …

b ✓ facilitates communication between Native Americans and others.

Transcript 4 Choosing a College Major

I'm a high school senior preparing for college. When my dad asks me about my plans, I dread telling him I want to study art. I already know the reaction I am going to get. I'm Stella Lau with a commentary from Youth Radio.

My dad was recently driving me to school when we started arguing about my future. "No, no, no!" he said. "People who major in arts aren't well educated and won't make enough money. Why don't you major in computer science like your cousins?"

Now I understand where his worries are coming from. I'm going against my family's expectations. They're worried that I won't be able to be financially secure. And, art isn't as valued in my family than *[sic]* say STEM majors.

But, while this may all be true, I'm passionate and driven when it comes to art. I spend hours painting and drawing on my own. I even have my own online gallery.

I know I might come off as delusional or stubborn, but I am confident I can make it as an artist. My family might not support it, but they're going to have to deal with it. And at least I am being true to myself.

For Youth Radio, I'm Stella Lau.

Stella Lau/Youth Radio: "Choosing an Art Major over my Parents' Wish", http://youthradio.org/journalism/education/choosing-an-art-major-over-my-parents-wishes/, © Youth Radio

TIPP

This task deals with a girl contrasting her father's plans for her future life with her own.

1 In the first part of the radio commentary, you have to identify the underlying motif, which makes the father reject his daughter's plans. There are two instances where it becomes clear that Stella's father values financial success a lot: "People who major in arts aren't well educated and won't make enough money." (ll. 5/6); "They're worried that I won't be able to be financially secure." (l. 8)

2 In lines 10 to 14, it becomes evident that Stella Lau is convinced of her career choice. This can be seen as an independent decision while all her arguments show that she has given a lot of thought to the issue.

1 Stella Lau thinks her father …

c ☑ values financial success above all else.

2 Stella Lau …

b ☑ makes a well-considered, independent decision.

TEIL II & III: READING COMPREHENSION & TEXT PRODUCTION

Teil II: Reading Comprehension

TIPP

Like in any comprehension assignment, it is absolutely necessary to read the text closely several times. Mark any passage that you find "remarkable", either because you are not really sure about its meaning or because you think it important for the overall message of the text. The second step is a close reading of the statements. Then, in the third phase, you have to combine the two: understanding both the text and the statements will help you find the passages to which the tasks refer and consequently compare text and statements in detail. Do not be misled by what seems too obvious at first sight. Like an investigator, you must look for the truth hidden beneath the surface. To identify the correct statement in the first two multiple choice exercises, for example, you have to read between the lines and "interpret" the characters' words and/or behaviour and exclude the wrong answers.

For **tasks 5** and **6**, you are free to complete the sentences in your own words. However, you should make sure that your solution fits the pre-given parts of the statements. For **task 5**, you should therefore focus on language, for **task 6**, the last paragraphs will yield the correct solution because they deal with what happens after classes.

Task 7 requires a "mini" interpretation, i. e. a characterisation of Kim and her classmates. While the tasks usually follow the chronology of the text, for this task, you have to read through the whole text. You should also make sure that you really understand all the given adjectives to distinguish between their sometimes quite similar meanings ("mocking" versus "insulting", for instance).

1 The teacher, Mr. Bogart, …

☑ is expecting the new student.

line 8: "Our new student *eye-prezoom*?"

or line 2: **"You're late! Come in."**

or line 12: **"I know what your name is"**

	true	false
2 Kim does not understand Mr. Bogart's first question.	☑	☐

line 11: "I knew I … guessed. 'Kim Chang.'"

or lines 9/10: **"What's your *exsu*?"**

3 Kim's impression of school lunch:

☑ She misses the rice in her meal.

line 45: "there was no … hadn't really eaten."

4 Kim is given a zero in the pop quiz because …

☑ she looks at the sheet of the girl next to her to understand what to do.

lines 48–50: "I looked at … supposed to do."

5 Kim knows some basic English, but **she does not understand Mr. Bogart's Brooklyn accent**.

6 After classes Kim wants **to help clean the classroom/to show Mr. Bogart that she is a hard worker**.

7

Kim	Kim's classmates
1. **A**	1. **B**
2. **E**	2. **C**

1 **TIPP**

This task requires a text analysis, which means you have to show how the story is presented and how a certain effect, namely to present Kim's alienation, is achieved through that mode of presentation. The first question you can ask yourself is: Who is telling the story? It is important to distinguish between author and narrator. The author is Jean Kwok. However, she does not tell the story directly, she has "invented" a narrator, the Chinese immigrant Kim Chang, who remembers her first day at her new school in Brooklyn from a first-person perspective. Other narrative techniques you should mention in your analysis are the general tone of the excerpt and some linguistic devices the author uses. However, be careful not to simply enlist quotes from the text or stylistic devices, but to put everything into a larger context and always interpret why and to what effect a certain technique is used. As to the structure of your solution, it is advisable to recapture the main content in the introduction before analysing the narrative process in the main part.

The main points are:
Introduction: contents: Kim's first day at her new school in Brooklyn

Main part: analysis of narrative process
- first-person-narration: directness of the account, offers insight into Kim's thoughts and feelings
- example: language problem
- unfavourable description of Mr. Bogart and students
- linguistic devices that illustrate Kim's growing desperation: detailed descriptions of things that are obvious for American/European readers but not for Kim, kind of interior monologue style, stylistic devices (e. g. ellipsis/anaphora, l. 15; comparison, ll. 60/61)

Conclusion: overall effect: vivid impression of Kim's loneliness and alienation

The excerpt from Jean Kwok's novel *Girl in Translation* tells how Kim Chang, a Chinese immigrant from Hong Kong, goes through her first day at her new school in Brooklyn. It is an unpleasant and trying experience because Kim is entering a completely strange environment and an unfamiliar culture.

The author uses several narrative techniques to convey the atmosphere at the school and Kim's feelings of abandonment and alienation. To begin with, the events are presented from Kim's perspective in a first-person narration. This makes the account very direct and offers insight into Kim's thoughts and feelings. Kim's language problem is an especially impressive example: She knows some basic English which she learned at school in Hong Kong. However, she has great difficulty in understanding the native speakers in Brooklyn (cf. ll. 55/56). The author illustrates this by presenting the words

Kim does not understand in false spelling, the way Kim hears them, e. g. "eye-pre-zoom" (l. 8), "exsu" (l. 10), "exshus" (l. 13), "cheap pen" (l. 52) or "hero" (l. 53). So, the reader, like Kim, has to guess or decode the meaning of the sounds.
Kim recalls her dislike of her teacher and classmates with words and expressions which have a negative connotation. Mr. Bogart is a man with "eyes [that are] unnaturally light" (ll. 5/6) and "his stomach stuck out from under his shirt" (l. 6). That he looks strange and unfamiliar to Kim is further illustrated by the use of imagery when his nose is called a "raspberry" (l. 5) and his bald head compared to an egg (cf. l. 5). He has "a strange smile" (l. 8), speaks in "a kind of grumbled whine" (ll. 16/17), becomes very angry at her alleged attempt to cheat (cf. ll. 52/53) and seems annoyed by her language mistakes (cf. l. 58).
Her new classmates are a loud, unruly and disinterested group. They laugh at Kim (cf. ll. 14, 22/23), sit in class in a disorderly fashion (cf. ll. 30–32), are noisy and disobedient at lunch (cf. ll. 36–39) and do not stay behind after classes to help tidy the room (cf. ll. 66/67). This is a sharp contrast to what Kim was used to in Hong Kong.
Kwok illustrates the shock Kim feels by employing several linguistic devices: Things that are obvious to an American or European person are described in a way that makes it clear that they are remarkable for Kim. One example is that Mr. Bogart's writing "from left to right" (l. 7) is explicitly mentioned.
Another means the author employs is to show Kim's thoughts in a kind of interior monologue. That becomes especially apparent in situations where she is completely overwhelmed and unsure of what to say or think. When she does not understand Mr. Bogart's questions and looks around for a classmate to help her, the elliptical anaphora of "No other Chinese at all, no help in sight" (l. 15) makes her growing desperation almost tangible. In a similar way, the questions she asks herself (cf. ll. 17, 54/55) exemplify the thoughts racing through her head when she is desperately trying to understand her teacher.
The test where Kim is falsely accused of cheating is apparently the final straw for her. Her horror and embarrassment at being given a zero become apparent in the comparison that for her, the zero is "fluorescent, blinking in neon to the rest of the class" (l. 61). She feels like her shame is displayed openly.
Through all these means, the reader can directly share Kim's mounting confusion and desperation and thereby feels pity and sympathy for the lonely foreigner. *(612 words)*

2a **TIPP**

In this assignment, you are presented with a quote from the novel *Crooked Letter, Crooked Letter*, which you are supposed to comment upon with reference to your further knowledge of the novel and especially Silas's character and way of life. It is a good idea to first interpret the quotation: describe the situation in which the conversation takes place and explain what Marla means and what Silas makes of her words. An important point here is that the conversation centres on guilt. So, the main part of your answer should cover Silas's "way of life" with regards to his betrayal and self-deception, answering questions such as "What is his guilt? Why did he keep his secret for so long? Why does he confess now?" "Comment" implies that you should not only summarise your knowledge of the events in the novel, but also give your opinion on Silas's guilt, whether his "letting himself off the hook" is understandable or where he should have behaved differently. To finish your text, you could try to look ahead and speculate about Silas's and Larry's future relationship.

The main points are:
Introduction: explanation of the quote
- situation: Silas in The Hub after night of heavy drinking because of feeling guilty
- what does Marla mean? mistakes are human
- what does Silas mean? guilt too strong, ignored for too long

Main part I: guilt and confession
- Silas's guilt
  - withheld information about Cindy Walker's disappearance
  - partly responsible for Larry's life as a social outcast
- reasons for not telling the truth
  - career as an up-and-coming baseball player in danger
  - revenge for being racially abused
  - away in Oxford
  - does not want to ruin his reputation
- reasons for confession
  - Larry's urgent messages
  - investigations of chief French, Larry to be charged for murder
  - Larry in hospital, almost dying
  - discovery that Larry is his half-brother

Main part II: comment
- Marla generally right: mistakes are human
- Silas's situation partly understandable
- but when another human being's life is destroyed, not right to hold old grudges and behave in a cowardly way

Conclusion: uncertain whether forgiveness is possible after all those years
- future relationship with Larry uncertain
- new start, free from guilt

The conversation between Marla and Silas takes place in the diner The Hub, Silas's favourite eating place. He was drinking heavily the night before to drown resurgent feelings of guilt which he has suppressed for years. Feeling sorry for the depressed Silas, Marla, who runs the diner and has known Silas since his schooldays, wants to comfort the constable by telling him not to be too hard on himself. However, Silas realises that he has built his life and reputation on cowardly, selfish behaviour and the betrayal of his former friend Larry. Silas feels ashamed of himself and thinks he cannot run away any longer.

The guilt which haunts Silas is the fact that he did not tell the truth about the events of the night when Cindy Walker disappeared. His failure to admit that he had met Cindy made the police and the people in Chabot believe that Larry had been the last to see her and had killed the girl. So, Silas is at least partly responsible for the dramatic change in Larry's life who was regarded as a murderer and ostracised by society.

There are several reasons why Silas kept quiet shortly after Cindy's vanishing and did not help Larry. Telling the truth would have endangered his career as an up-and-coming baseball player, his chance in life to leave poverty behind and find success. Possibly, Silas further calmed his guilty conscience by telling himself that Larry deserved what happened to him, having called Silas a nigger in the past. In addition, his leaving Chabot and going to Oxford also helped Silas to put what had happened out of his mind, bury the truth and ignore his responsibility. Later, on his return to the South as a police constable, he does not want to ruin his reputation as a well-liked member of the community and destroy his opportunity for further promotion.

However, several things happen which make it more and more difficult or eventually impossible for Silas to conceal the truth much longer: Larry leaves urgent messages on Silas's answering machine and another girl's dead body is discovered. Initially, Silas tries to calm his nagging conscience, but after the almost fatal attack on Larry and chief investigator French's threat to charge Larry for murder, he is forced to admit his guilt. The discovery that Larry is his half-brother is the final straw. Overcome by guilt, Silas reveals his secret, apologises and accepts responsibility for his deceit.

While I would generally agree with Marla that making mistakes is human and we should not punish ourselves too harshly for them, I am not entirely convinced whether that argumentation should be applied in Silas's case, too. I partly understand his reluctance to confess the truth, especially because he did not do anything wrong when meeting Cindy, but would probably have been accused of doing so because of their interracial relationship. However, as soon as Larry had to take the blame, Silas's silence was no longer acceptable. Larry might not have been charged with murder for a lack of evidence, but his life was destroyed nonetheless when everyone turned his back on him and he was forced to live a life of loneliness and rejection. So, I would certainly agree with Silas that "letting himself off the hook" is no longer an option and he has done so for too long.

After his owning-up, Silas tries to make amends with Larry by looking after the latter's chickens, clearing up his place and visiting him in hospital. He does all this in the hope that Larry might forgive him and they can rebuild their friendship. Whether this is possible remains uncertain. Silas can now look ahead to a future free of guilt. While he might have to face the consequences for his actions, I think this is preferable to always feeling guilty and making an innocent man's life miserable. *(646 words)*

2b **TIPP**

This is a task where you can, but don't have to refer to the film *Gran Torino*. You could take the example from the film as a starting point on which to base your comment on the importance of language for the integration of migrants. However, you can also focus on recent events or the situation in your own country. You could initially refer to the recent demographic changes in Europe (rising migration numbers), which initiated a debate about how best to integrate all these newcomers. The main part of your solution should mention the areas of everyday life in which good language skills are essential: work, communication (social contacts) and education. However, you can also include the view that learning the language of the host country is not a guarantee for integration. To prove this, you could mention recent terrorist attacks by so-called "homegrown terrorists", or Sue and especially Thao, who are competent English speakers, but are still confronted with integration and assimilation problems. To conclude, you could point out that language has a considerable significance for the integration of immigrants into host societies, but that language skills alone are not sufficient for a successful multicultural society.

The main points are:

Introduction: recent developments
- influx of refugees and asylum seekers
- integration difficult: language skills required

Main part: importance of language
- field of work: basic command necessary for training and employment
- private life: basic command necessary for social participation
- school/education: difficult, formal written language requirements complex, see PISA tests

Objection: learning the language of the host country no guarantee for integration
- examples: "homegrown terrorists"
- Sue and Thao: lack of acceptance and respect from Americans

Conclusion: knowing the language is a prerequisite for immigrants to successfully integrate, but not sufficient

In recent years, large numbers of refugees, especially from Syria, Afghanistan, Iraq and North African countries, have made their way into Europe in their flight from civil wars, persecution and poverty. Integrating these newcomers into society has remained a formidable task, especially because many of the migrants cannot speak the language of the country they arrive in. However, there is general agreement that language plays a prominent role in avoiding the development of so-called "parallel societies" within a country, in which people of the same ethnic background live in ghettos without much contact with the "outside world".

For example, in the world of work, knowing the language is crucial to getting a job or starting a business. It is difficult or sometimes impossible for newcomers to be trained or employed when they do not have a basic command of the national language. Think of the situation in *Gran Torino*, when Walt Kowalski tries to find a job for Thao on the building site. The first question the boy is asked is, "Do you speak English?" Without having a job, real integration proves difficult, and not just because of financial hardships connected to unemployment. High numbers of unemployed migrants can also be at the root of a dangerous vicious circle of misconceptions: xenophobic groups feel vindicated in their prejudices of "lazy foreigners" who do not want to work and exploit social services. The foreigners, who suffer from that lack of recognition, might consequently withdraw even more into their own communities.

This leads me directly to my next point that language also plays an important role in people's private lives. Only when migrants can understand what others are saying and make themselves understood, can they begin to make friends, establish social contacts and take part in public and cultural life outside their native community. This is what true integration looks like in my opinion: only when they feel confident and accepted will migrants truly feel a part of their new home country and willingly identify with it.

In everyday life, a limited vocabulary and some basic grammar are usually sufficient to make oneself understood. However, at school immigrant children are confronted with enormous language problems in reading, understanding and writing texts, because formal written language differs greatly from the spoken version. In Germany, for example, PISA tests showed that school children with an immigrant background are generally less successful and have lower marks than non-immigrant students. This is especially problematic because a poor performance at school leads to fewer employment opportunities and compounds the aforementioned vicious circle. Therefore, I would strongly advise the government to invest more money in public schools for language teaching and for the provision of extra tuition for immigrant students.

On the other hand, we should not forget that language alone does not solve all integration problems and is not a guarantee for mutual understanding. Take many of the recent terrorist attacks directed against the way of life in Western societies. Many of these atrocities were carried out by young people who had been raised in the countries they attacked and spoke their languages perfectly. Similarly, Thao is a competent English speaker, but plagued by self-doubt and still searching for his identity and his place in American society. His problems have more to do with a lack of acceptance from Americans and the dangerous counterculture the Hmong gang represents, which might be true for young people who are drawn into extremist circles, too.

All in all, I would argue that language skills are a prerequisite for immigrants to successfully integrate into their new homeland. Expressing oneself, communicating with others, knowing how others think and what they believe in requires at least a basic command of the language of the host country. In my view, it is especially important to urgently support migrant children because their success at school and future employment chances depend to a large extent on their language competence. However, this is only the first step. Additionally, diversity must generally be accepted and welcomed more so that feeling inferior or rejected because of one's ethnic origins truly becomes a thing of the past. *(687 words)*

TEIL I: LISTENING COMPREHENSION

Task 1: BBC News

You will hear several items from the BBC radio news. Choose from the list (A–G) which description applies to which news item (1–6). For each item there is only one correct answer. Put the letters (A–G) into the correct box. There is one more description than you need.

	Description
A	Conflict escalates
B	Consequences of a disaster
C	Family tradition regulated
D	Forbidden custom defended
E	Soon on trial
F	Suspected of foul play
G	Threat of catastrophe

News item	**1**	**2**	**3**	**4**	**5**	**6**
Description A–G						

Task 2: Barack Obama

You will hear an excerpt from Barack Obama's autobiography *Dreams from My Father,* which was published before his presidency. While listening, tick (✓) the correct answer (a, b, c or d). There is only one correct answer.

1 When an airport guard approaches him, Obama …

- **a** ☐ wants to ask him a question.
- **b** ☐ is troubled by the guard's weapon.
- **c** ☐ worries he might have broken a rule.
- **d** ☐ expects to be asked for his documents.

2 The guard …

- **a** ☐ assumes Obama is a relative.
- **b** ☐ recognizes Obama right away.
- **c** ☐ wants to visit a relative in Texas.
- **d** ☐ has no idea of the size of the U.S.

3 Obama's expectations before his arrival in Kenya were …

- **a** ☐ realistic.
- **b** ☐ skeptical.
- **c** ☐ euphoric.
- **d** ☐ ambivalent.

4 Obama's luggage is …

- **a** ☐ sent back home.
- **b** ☐ still on the plane.
- **c** ☐ given to him by an attractive woman.
- **d** ☐ assumed to be on its way to another city.

5 During his conversation with Miss Omoro, Obama …

- **a** ☐ thinks about asking her out.
- **b** ☐ tells her about his past travels.
- **c** ☐ finds out she is in a relationship.
- **d** ☐ learns she is planning a trip to Britain.

6 The fact that his name is recognized makes him feel …

- **a** ☐ ecstatic.
- **b** ☐ flattered.
- **c** ☐ relieved.
- **d** ☐ accepted.

7 Obama's half-sister Auma …

a ☐ sees him for the first time.

b ☐ introduces him to his aunt.

c ☐ meets him with reservation.

d ☐ is in tears when they finally meet.

8 On the whole, with this text Obama wants to …

a ☐ help his listeners discover Kenya.

b ☐ illustrate difficulties of cross-cultural encounters.

c ☐ inform his listeners about his personal experiences.

d ☐ make others aware of risks and benefits of travelling.

Task 3: Wallpaper

You will hear a radio report about the cultural history of wallpaper, which includes an interview with Lucinda Hawksley, the author of the book *Bitten by Witch Fever.* While listening, answer the questions. Do not write complete sentences.

1 What time period is the book *Bitten by Witch Fever* about?

___

2 What was the problem with wallpapers at the time?

___

3 What did wallpaper look like at the time?

___

4 What group of people made this new kind of wallpaper more popular?

___

5 Who was William Morris?

___

6 How do people interpret the story "The Yellow Wallpaper"?

___

7 What does the protagonist of "The Yellow Wallpaper" do with the wallpaper?

___

8 How is the protagonist's behaviour explained?

___

9 Apart from wallpaper, what other items were often green? *(Name one.)*

___

10 How is Oscar Wilde's lifestyle described?

___

Bei den für Set 3 abgedruckten Aufgaben zum Hörverstehen handelt es sich um die Original-Aufgaben des Hörverstehensteils der Abiturprüfung 2019 in Rheinland-Pfalz.

TEIL II & III: READING COMPREHENSION & TEXT PRODUCTION

Text **Are We Better off without Religion?**

We should be careful about drawing rash conclusions from the correlation between religiosity and societal breakdown.

Popular religious belief is caused by dysfunctional social conditions. This is the conclusion of the [...] sociological research conducted by Gregory Paul. Far from religion benefiting societies, as the "moral-creator socioeconomic hypothesis" would have it, popular religion is a psychological mechanism for coping with high levels of stress and anxiety – or so he suggests.

I've long been interested in Paul's work because it addresses a whole bunch of fascinating questions – why are Americans so religious when the rest of the developed world is increasingly secular? Is religious belief beneficial to societies? Does religion make people behave better?

Many believers assume, without question, that it does – even that there can be no morality without religion. They cite George Washington who believed that national morality could not prevail without religion's principles, or Dostoevsky's famous claim (actually words of his fictional character Ivan Karamazov) that "without God all things are permitted". Then there are Americans defending their country's peculiarly high levels of popular religious belief and claiming that faith-based charity is better than universal government provision.

Atheists, naturalists and humanists fight back claiming that it's perfectly possible to be moral without God. Evolutionary psychology reveals the common morality of our species, and the universal values of fairness, kindness, and reciprocity. But who is right? As a scientist I want evidence. What if – against all my own beliefs – it turns out that religious people really do behave better than atheists, and that religious societies are better in important respects than non-religious ones, then I would have cause to rethink some of my ideas.

This is where Gregory Paul and his research come in. I have often quoted his earlier, 2005, research which showed strong positive correlations between nations' religious belief and levels of murder, teenage pregnancy, drug abuse and other indicators of dysfunction. It seemed to show, at the very least, that being religious does not necessarily make for a better society. The real problem was that he was able to show only correlations, and the publicity for his new research seemed to imply causation. If so this would have important implications indeed.

In [his] research Paul measures "popular religiosity" for developed nations, and then compares it against the "successful societies scale" (SSS) which includes such things as homicides, the proportion of people incarcerated, infant mortality, sexually transmitted diseases, teenage births and abortions, corruption, income inequality, and many others. In other words it is a way of summing up a society's health. The outlier again and again is the US with a stunning catalogue of failures. On almost every measure the US comes out worse than any other 1st world developed nation, and it is also the most religious.

For this reason Paul carries out his analysis both with and without the US included, but either way the same correlations turn up. The 1st world nations with the highest levels of belief in God, and the greatest religious observance are also the ones with all the signs of societal dysfunction. These correlations are truly stunning. They are not "barely significant" or marginal in any way. Many, such as those between popular religiosity and teenage abortions and STDs have correlation coefficients over 0.9 and the overall correlation with the SSS is 0.7 with the US included and 0.5 without. These are powerful relationships. But why?

The critical step from correlation to cause is not easy. Paul analyses all sorts of possibilities. Immigration and diversity do not explain the relationships, nor do a country's frontier past, nor its violent media, and so he is led to his conclusions: "Because highly secular democracies are significantly and regularly outperforming the more theistic ones, the moral-creator socioeconomic hypothesis is rejected in favour of the secular-democratic socioeconomic hypothesis"; "religious prosociality and charity are less effective at improving societal conditions than are secular government programmes".

He draws implications for human evolution too. Contrary to Dan Dennett, Pascal Boyer and others, he argues that religion is not a deep-seated or inherited tendency. It is a crutch to which people turn when they are under extreme stress, "a natural invention of human minds in response to a defective habitat". Americans, he says, suffer appalling stress and anxiety due to the lack of universal healthcare, the competitive economic environment, and huge income inequalities, and under these conditions belief in a supernatural creator and reliance on religious observance provides relief. By contrast, the middle class majorities of western Europe, Canada, Australia, New Zealand and Japan have secure enough lives not to seek help from a supernatural creator.

These are powerful conclusions indeed, and if they are right the US in particular needs to take note. But are they? I still retain some caution. I keep reminding myself of the obvious point that in science it is all too easy to apply a more critical eye to research whose conclusions you disagree with. In this case the wiggly route from correlation to cause includes many questionable steps, and clearly a lot more research is needed. I was also dismayed by what might seem trivial – the appalling number of typos and other mistakes in the only version of the paper I could find – the one that is linked from the press release and several other places. There are missing words, added words, "their"s for "there"s and other errors that sometimes made it hard to follow. If the text was so poorly checked, I wondered, what about the data? Should I apply my critical concerns to those stunningly high correlations too?

I guess we'll find out, for this is a hot topic and a thriving research area. For now we need not necessarily agree with Paul that "it is probably not possible for a socially healthy nation to be highly religious" but he has certainly shown that the healthiest nations are also the least religious.

967 words

Sue Blackmore: "Are We Better off without Religion?" https://www.theguardian.com/commentisfree/belief/2009/dec/08/religion-society-gregory-paul, 8 December 2009

Annotations

line 1: dysfunctional: not working normally or properly
line 19: reciprocity: the practice of exchanging things with others for mutual benefit
line 29: causation: a relationship between events with one being the reason or cause for another
line 44: STD: sexually transmitted disease
line 44: correlation coefficient: a number (usually between 0 and 1) that shows apparent or real connections between different values
line 52: prosociality: intention or behaviour to help others
lines 55/56: Dan Dennett, Pascal Boyer: cognitive scientists
line 57: crutch: a long stick which you put under your arm to help you walk
line 67: wiggly: having many twists and turns

Teil II: Reading Comprehension

Instructions:

- Tick the correct statement or statements as indicated.
- Give a quote from the text to support each correct statement: the line number(s) plus the first three and the last three words of the quote.
- If the quote is less than six words, write down the full quote.

1 Tick the correct statement.

Gregory Paul suggests that people are religious because …

- ☐ they have been educated this way.
- ☐ religion helps them to deal with problems or difficulties.
- ☐ they need guidance and spiritual orientation in their lives.
- ☐ religion helps them behave better.

line(s) ______: ____

____

2 Tick the correct statement.

Religious people tend to believe that …

- ☐ religion is essential for moral behaviour.
- ☐ there is no place for religion in politics.
- ☐ politicians should not intervene in religious matters.
- ☐ God allows people to do what they love.

line(s) ______: ____

____

3 Tick the correct answer.

	true	false
Atheists and humanists are convinced that moral behaviour is inborn.	☐	☐

line(s) ______ : ____

____

4 Tick the correct statement.

In his "successful societies scale" Gregory Paul lists …

☐ the religiosity in developed nations.
☐ the proportion of social ills in societies.
☐ the qualities needed in a healthy society.
☐ the economic situation in developed countries.

line(s) ______ : ____

____

5 Tick the correct answer.

	true	false
Gregory Paul found that the most religious among the so-called first world nations were afflicted with the most serious social ills.	☐	☐

line(s) ______ : ____

____

6 Tick the correct statement.

According to Gregory Paul, many secular countries are healthier than the US because …

☐ immigration is not as high.
☐ they have no racial problems.
☐ governments provide more help.
☐ their media is less violent.

line(s) ______ : ____

____

7 Write the correct letters in the boxes provided.

Match the following opinions (A–F) to either Sue Blackmore (the author of the article) or Gregory Paul.
Note: Two of the opinions cannot be matched.

A There can be no morality without religion.

B More careful research needs to be done on the topic of religion and morality.

C A well-functioning society is usually not religious.

D Having a secure existence makes people less likely to believe in God.

E Americans do not need a national healthcare system because they can rely on faith-based charity.

F You tend to criticise those who do not share your own views more harshly than those who do.

Sue Blackmore	Gregory Paul
1.	1.
2.	2.

Teil III: Analysis

1 Explain Gregory Paul's findings with special regard to the situation in the USA. Also include your background knowledge.

Teil III: Composition

Choose *one* of the following:

2a Atheist or believer? Discuss Walt Kowalski's attitude to religion.

or

2b Interpret the cartoon and briefly comment on its message.

'THIS DESIGNER BABY IS NO LONGER FASHIONABLE'

Lösungsvorschlag

TEIL I: LISTENING COMPREHENSION

Transcript 1 BBC News

BBC News with Debbie Russ.

1 The authorities in California are evacuating tens of thousands of people living downstream of the tallest dam in the United States following fears that an overflow channel was about to collapse. Roads below the Oroville dam clogged with traffic as residents heeded warnings to leave their homes. Engineers urgently want to plug a giant hole that's developed in the spillway.

2 The French authorities have launched an investigation into whether the carmaker Renault has tried to cheat emissions tests with its diesel vehicles. Renault shares initially fell sharply before recovering much of their value. A company spokesman said Renault did not use cheating software in its vehicles.

3 Protest rallies have been held across the Southern Indian state of Tamil Nadu in support of a traditional form of bull taming banned by the Supreme Court. Supporters of Jallikattu say it's an important cultural event but animal rights activists have condemned the practice.

4 The record setting heatwave that spawned 200 bushfires in the Australian state of New South Wales has abated, but firefighters are still tackling about 80 outbreaks. The largest was so vast it created its own weather system triggering a lightning storm.

5 Six journalists working for opposition newspapers are expected to appear in court in Ivory Coast. They are charged with spreading false information following a mutiny last week by soldiers demanding bonus payments.

6 A town in Somalia has banned lavish weddings to encourage more young people to marry. The district commissioner of Beled Hawo near the Kenyan border told the BBC that a maximum of three goats could be slaughtered to feed guests and that hotel receptions would not be allowed.

That's the latest BBC News.

BBC World Service, BBC News Summary, 2017/01/13, www.bbc.co.uk/programmes/p04nhff4

TIPP

When looking through the short descriptions, you will notice that quite a lot of them seem to deal with similar issues at a superficial glance (e. g. "[c]onflict" in **A**, "disaster" in **B**, "catastrophe" in **G**, respectively "[f]amily tradition" in **C** and "custom" in **D**). So when listening for the first time and ideally making quick notes on the most important aspects of the news items, do not focus solely on the events or facts described, but also their consequences, the attitudes expressed with regards to them, etc.

1 "The authorities in California are evacuating tens of thousands of people living downstream of the tallest dam in the United States following fears that an overflow channel was about to collapse." (ll. 2–4) In other words, the "catastrophe" has not happened yet, but there are threats of it (description **G**).

2 "The French authorities have launched an investigation into whether the carmaker Renault has tried to cheat emissions tests with its diesel vehicles." (ll. 7/8) Here you might easily identify **E** and **F** as possible answers because some kind of criminal offence is dealt with. To decide which of the two is ultimately correct, you should once more focus on details such as the fact that it is not certain whether Renault really has been cheating (cf. the spokesman's denial in ll. 9/10). In other words, there are mere suspicions.

3 "Protest rallies have been held across the Southern Indian state of Tamil Nadu in support of a traditional form of bull taming banned by the Supreme Court." (ll. 11/12)

4 News item **4** also deals with a catastrophic event, in this case a natural disaster: "The record setting heatwave that spawned 200 bushfires in the Australian state of New South Wales has abated, but firefighters are still tackling about 80 outbreaks. The largest was so vast it created its own weather system triggering a lightning storm." (ll. 15–17) To find the fitting description, you should pay attention to the fact that the heatwave itself has already blown over, but the "[c]onsequences of [this] disaster" (description **B**) are the main concern.

5 "Six journalists working for opposition newspapers are expected to appear in court in Ivory Coast." (ll. 18/19)

6 "A town in Somalia has banned lavish weddings to encourage more young people to marry." (ll. 21/22) A wedding is a "[f]amily tradition" (description **C**). The second sentence of the news item tells you that there are quite detailed regulations in place, such as the number of goats allowed to be slaughtered (cf. ll. 22–24). Therefore description **C** fits.

News item	**1**	**2**	**3**	**4**	**5**	**6**
Description A–G	**G**	**F**	**D**	**B**	**E**	**C**

Transcript 2 Barack Obama

Kenyatta International Airport was almost empty. Officials sipped at their morning tea as they checked over passports; in the baggage area, a creaky conveyor belt slowly disgorged luggage. Auma was nowhere in sight, so I took a seat on my carry-on bag and lit a cigarette. After a few minutes, a security guard with a wooden club started to walk toward me. I looked around for an ashtray, thinking I must be in a no-smoking area, but instead of scolding me, the guard smiled and asked if I had another cigarette to spare.

"This is your first trip to Kenya, yes?" he asked as I gave him a light.

"That's right."

"I see." He squatted down beside me. "You are from America. You know my brother's son, perhaps. Samson Otieno. He is studying engineering in Texas."

I told him that I'd never been to Texas and so hadn't had the opportunity to meet his nephew. This seemed to disappoint him, and he took several puffs from his cigarette in quick succession. By this time, the last of the other passengers on my flight had left the terminal. I asked the guard if any more bags were coming. He shook his head doubtfully.

"I don't think so," he said, "but if you will just wait here, I will find someone who can help you."

He disappeared around a narrow corridor, and I stood up to stretch my back. The rush of anticipation had drained away, and I smiled with the memory of the homecoming I had once imagined for myself, clouds lifting, old demons fleeing, the earth trembling as ancestors rose up in celebration. Instead I felt tired and abandoned. I was about to search for a telephone when the security guard reappeared with a strikingly beautiful woman, dark, slender, close to six feet tall, dressed in a British Airways uniform. She introduced herself as Miss Omoro and explained that my bag had probably been sent on to Johannesburg by mistake.

"I'm awfully sorry about the inconvenience," she said. "If you will just fill out this form, we can call Johannesburg and have it delivered to you as soon as the next flight comes in."

I completed the form and Miss Omoro gave it the once-over before looking back at me. "You wouldn't be related to Dr Obama, by any chance?" she asked.

"Well, yes – he was my father."

Miss Omoro smiled sympathetically. "I'm very sorry about his passing. Your father was a close friend of my family's. He would often come to our house when I was a child."

We began to talk about my visit, and she told me of her studies in London, as well as her interest in traveling to the States. I found myself trying to prolong the conversation, encouraged less by Miss Omoro's beauty – she had mentioned a fiancé – than by the fact that she recognized my name. That had never happened before, I realized; not in Hawaii, not in Indonesia, not in L.A. or New York or Chicago. For the first time in my life, I felt the comfort, the firmness of identity that a name might provide, how it could carry an entire history in other people's memories, so that they might nod and say knowingly, "Oh, you are so and so's son." No one here in Kenya would ask how to spell my name, or mangle it with an unfamiliar tongue. My name belonged and so I belonged, drawn into a web of relationships, alliances, and grudges that I did not yet understand.

"Barack!" I turned to see Auma jumping up and down behind another guard, who wasn't letting her pass into the baggage area. I excused myself and rushed over to her, and we laughed and hugged, as silly as the first time we'd met. A tall, brown-skinned woman was smiling beside us, and Auma turned and said, "Barack, this is our Auntie Zeituni. Our father's sister."

"Welcome home," Zeituni said, kissing me on both cheeks.

I told them about my bag and said there was someone here who had known the Old Man. But when I looked back to where I'd been standing, Miss Omoro was nowhere in sight. I asked the security guard where she had gone. He shrugged and said that she must have left for the day.

Barack Obama: Dreams from My Father: A Story of Race and Inheritance. *New York: Crown Publishers (1995) 2005*

TIPP

To choose the right sentence ending out of several options, it is important to identify the text passages the tasks refer to. Key words from the tasks will help you. Sometimes you have to interpret Obama's words for their general meaning because you will only rarely find a one-to-one correspondence between the audio text and the answer options.

The following text passages will help you:

1 "I [...] lit a cigarette. After a few minutes, a security guard with a wooden club started to walk toward me. I looked around for an ashtray, thinking I must be in a no-smoking area, but instead of scolding me, the guard smiled" (ll. 3–6)

2 The fact that the guard expects Obama to know his nephew who is studying in Texas, just because he too is from America, (cf. ll. 10/11) shows that he has no idea of the size of the U.S.

3 The passage, "The rush of anticipation had drained away, and I smiled with the memory of the homecoming I had once imagined for myself, clouds lifting, old demons fleeing, the earth trembling as ancestors rose up in celebration" (ll. 19–22), shows that Obama's expectations before his actual arrival in Kenya had been euphoric.

4 Although Obama meets an attractive woman at the airport, she cannot give him his luggage because his "bag had probably been sent on to Johannesburg by mistake" (ll. 25/26).

5 "I found myself trying to prolong the conversation, encouraged less by Miss Omoro's beauty – she had mentioned a fiancé – than by the fact that she recognized my name." (ll. 37–39) You can exclude **a** because Obama has already accepted that Miss Omoro is not single. They talk about her future travel plans, but she is interested "in traveling to the States" (l. 37). A journey to Britain (**d**) is not mentioned. Places where Obama has been before (**b**) come up in the audio text (cf. ll. 39/40), but they do not form part of his and Miss Omoro's conversation. He just remembers them.

6 "For the first time in my life, I felt the comfort, the firmness of identity that a name might provide, [...]. My name belonged and so I belonged" (ll. 40–45)

7 Auma, whom he must have met before because they "laughed and hugged, as silly as the first time [they]'d met" (l. 49), introduces him to his aunt by saying: "'Barack, this is our Auntie Zeituni. Our father's sister.'" (ll. 50/51)

8 The whole text is told from a first-person narrator, Barack Obama. We do not learn a lot about Kenya (**a**) or the risks and benefits of travelling (**d**) (besides losing one's luggage, which is only an incident of minor importance, however), nor are any difficulties of cross-cultural (**b**) encounters mentioned. Thus, Obama simply wants to inform the listeners about his personal experience.

1 When an airport guard approaches him, Obama …

c ☑ worries he might have broken a rule.

2 The guard …

d ☑ has no idea of the size of the U.S.

3 Obama's expectations before his arrival in Kenya were …

c ☑ euphoric.

4 Obama's luggage is …

d ☑ assumed to be on its way to another city.

5 During his conversation with Miss Omoro, Obama …

c ☑ finds out she is in a relationship.

6 The fact that his name is recognized makes him feel …

d ☑ accepted.

7 Obama's half-sister Auma …

b ☑ introduces him to his aunt.

8 On the whole, with this text Obama wants to …

c ☑ inform his listeners about his personal experiences.

Transcript 3 Wallpaper

Richard Lea: Lucinda Hawksley is an art historian and biographer whose latest tome *Bitten by Witch Fever* gathers together 275 facsimiles of the most sumptuous wallpapers ever created. But this astonishing collection of Victorian design contains a deadly secret: each one has been found to contain arsenic. When Hawksley joined Claire Armitstead in the studio, she started by describing how Oscar Wilde, Charlotte Perkins Gilman and some eye-watering Victorian colour schemes began their murderous invasion into the houses of Britain.

Lucinda Hawksley: Well, in the 19th century, very vibrant wallpapers became incredibly fashionable, particularly borne by the aesthetic art movement, which Oscar Wilde was such a huge part of the aestheticism movement. And the reason that the colours were so incredibly vibrant is because they were created with arsenical paints, so paints that contained arsenic. And this became a huge social ill in the 19th century. So, these wonderful wallpapers were produced, everybody was slathering their homes with them and then, the doctors started to talk about this connection between wallpaper and illness. And many people poo-pooed this idea, including the great wallpaper designer William Morris whose comment was the famous, "The doctors have been bitten as they were bitten by witch fever", where the title of the book comes from.

Claire Armitstead: "The Yellow Wallpaper", the story has been taken as a story about a woman being suppressed in the home by her husband. But I was just really struck by this fact that actually, at the end of it, she is eating the paper, and we know that these particular colours were arsenical. So, would you think that was in her mind?

Lucinda Hawksley: I think that was definitely in her mind because there had been so much in the media before this that I think the author must have known. She would have been very aware of the dangers of arsenic. Now, having said which, arsenic was normally, erroneously believed just to be in green colours, but actually it was in many different colours, particularly golds, yellows, blues, reds. But I do think that there must have been a knowledge on the part of Charlotte Perkins Gilman. She knew that arsenical wallpaper could cause people to become ill. But of course, the arsenic poisoning that was caused by wallpaper or arsenic in general was much more of a physical sickness. And in "The Yellow Wallpaper", her heroine becomes very, very mentally ill. So, there is definitely the feminist writing of this novel that her heroine is being driven mad by domesticity. She is being stifled physically by the walls and what she sees in the wallpaper is a woman who's trying to get at her and that's when she starts ripping the wallpaper off with her teeth. She is trying to get to the woman who she believes is trying to kill her.

Claire Armitstead: And then, you have Oscar Wilde and his green carnation, which is also, is the green of absinthe, isn't it? But he does associate the green with a toxic lifestyle, doesn't he, overtly?

Lucinda Hawksley: Absolutely. The green was the colour of absinthe but also very much the colour of arsenic. And he talks about it as being an arsenic green. And this is because it had become so incredibly controversial. The aesthetic artists, writers, bohemians embraced the idea of the kind of peacock greeny-blue colour and this was the colour that was so fashionable and that to create in a really wonderful vibrant way, not just in wallpapers, but in hair accessories, clothing, anything that people could wear was often done with arsenic paint or arsenic dye. And there'd been a huge controversy over it. And Wilde was playing up to this, in the way that he did, always, he loved to cause controversy. So, by deliberately colouring a carnation green, by putting it in green-coloured water before wearing it in his buttonhole, he was just showing off to the world that he was being as unnatural as he could possibly be. And unnatural was a word that, as you know, was often applied to Oscar Wilde's lifestyle, not just in terms of his sexuality, but also in terms of the way that he dressed and the way he behaved. So, he really loved to create this aura about himself.

The Guardian Books Podcast. "Deadly Beauty with Ruth Padel and Lucinda Hawksley." https://www.theguardian.com/books/audio/2016/dec/23/ruth-padel-and-lucinda-hawksley-books-podcast

TIPP

Normally, the questions for listening comprehension tasks follow the text chronologically. Here you will notice that the first two statements by Richard Lea and Lucinda Hawksley contain the answers to questions **1** to **4**. However, all the important aspects are mentioned several times, so you should have no trouble finding the right solutions. In a similar fashion, questions **6** to **8** all deal with the short story "The Yellow Wallpaper". Make sure that you focus on common interpretations for question **6**, on the content of the story for **7** and on the explanation for the protagonist's behaviour for question **8**.

1 Throughout the lines 3 to 18, it becomes apparent that the period the book is about must be the 19th century, the so-called Victorian Age. Not only is Oscar Wilde, a famous writer of the Victorian Age, mentioned (cf. ll. 5, 9) but also the 19th century (cf. ll. 8, 12). The adjective Victorian (cf. ll. 3, 6) is explicitly referred to several times as well.

2 "*Bitten by Witch Fever* gathers together 275 facsimiles of the most sumptuous wallpapers ever created. But this astonishing collection of Victorian design contains a deadly secret: each one has been found to contain arsenic." (ll. 2–4); "some eye-watering Victorian colour schemes began their murderous invasion into the houses of Britain" (ll. 6/7); "paints that contained arsenic. And this became a huge social ill in the 19th century. […] the doctors started to talk about this connection between wallpaper and illness." (ll. 12–15)

3 "*Bitten by Witch Fever* gathers together 275 facsimiles of the most sumptuous wallpapers ever created. But this astonishing collection of Victorian design" (ll. 2/3); "some eye-watering Victorian colour schemes" (l. 6); "Well, in the 19th century, very vibrant wallpapers became incredibly fashionable" (ll. 8/9); "And the reason that the colours were so incredibly vibrant" (ll. 10/11); "So, these wonderful wallpapers were produced" (l. 13)

4 "Well, in the 19th century, very vibrant wallpapers became incredibly fashionable, particularly borne by the aesthetic art movement, which Oscar Wilde was such a huge part of the aestheticism movement." (ll. 8–10)

5 "And many people poo-pooed this idea, including the great wallpaper designer William Morris whose comment was the famous, 'The doctors have been bitten as they were bitten by witch fever'" (ll. 15–17)

6 "'The Yellow Wallpaper', the story has been taken as a story about a woman being suppressed in the home by her husband." (ll. 19/20); "So, there is definitely the feminist writing of this novel that her heroine is being driven mad by domesticity." (ll. 32/33)

7 "But I was just really struck by this fact that actually, at the end of it, she is eating the paper" (ll. 20/21); "she starts ripping the wallpaper off with her teeth." (l. 35)

8 "So, there is definitely the feminist writing of this novel that her heroine is being driven mad by domesticity. She is being stifled physically by the walls and what she sees in the wallpaper is a woman who's trying to get at her and that's when she starts ripping the wallpaper off with her teeth. She is trying to get to the woman who she believes is trying to kill her." (ll. 32–36)
Since "at the end of it, she [the heroine] is eating the paper, and we know that these particular colours were arsenical" (ll. 21/22), she might be poisoned by arsenic wallpaper.

9 "And then, you have Oscar Wilde and his green carnation, which is also, is the green of absinthe, isn't it? […] The green was the colour of absinthe" (ll. 37–40); "The aesthetic artists, writers, bohemians embraced the idea of the kind of peacock greeny-blue colour and this was the colour that was so fashionable and that to create in a really wonderful vibrant way, not just in wallpapers, but in hair accessories, clothing, anything that people could wear was often done with arsenic paint or arsenic dye." (ll. 42–46)

10 "But he does associate the green with a toxic lifestyle, doesn't he, overtly?" (ll. 38/39); "And there'd been a huge controversy over it. And Wilde was playing up to this, in the way that he did, always, he loved to cause controversy. […] he was just showing off to the world that he was being as unnatural as he could possibly be. And unnatural was a word that, as you know, was often applied to Oscar Wilde's lifestyle, not just in terms of his sexuality, but also in terms of the way that he dressed and the way he behaved. So, he really loved to create this aura about himself." (ll. 46–54)

1 What time period is the book *Bitten by Witch Fever* about?
Victorian Age/19th century

2 What was the problem with wallpapers at the time?
contained arsenic/poison/caused illness/made people ill

3 What did wallpaper look like at the time?
sumptuous/vibrant/bright/colourful/vivid/eye-watering colour schemes/astonishing/wonderful

4 What group of people made this new kind of wallpaper more popular?
aesthetic art movement

5 Who was William Morris?
a wallpaper designer/sb who did not believe that wallpapers caused illnesses

6 How do people interpret the story "The Yellow Wallpaper"?
woman suppressed by husband/woman being driven mad

7 What does the protagonist of "The Yellow Wallpaper" do with the wallpaper?
eats wallpaper/rips it off the wall

8 How is the protagonist's behaviour explained?
feels stifled by the walls/thinks she sees a woman who is trying to get at her/is poisoned by arsenic wallpaper/is driven mad by domesticity

9 Apart from wallpaper, what other items were often green? *(Name one.)*
Oscar Wilde's green carnation/hair accessories/clothes/anything people could wear/absinthe

10 How is Oscar Wilde's lifestyle described?
unnatural/toxic lifestyle/loved to create a special aura/to provoke/to cause controversy

TEIL II & III: READING COMPREHENSION & TEXT PRODUCTION

Teil II: Reading Comprehension

TIPP

To answer comprehension tasks, both a general understanding of the text and a detailed understanding of some passages is necessary. It is important to find the passages to which each question applies and read them carefully as the correct solution is not always obvious. So, look for key words in the tasks as well as in the text to find the relevant passages.

However, be careful that sometimes an expression might come up in the text, but on closer inspection turns out to be a wrong solution. For example, in **task 4**, you are asked to define the "successful societies scale". While you might be tempted to connect it to religiosity because both expressions appear in proximity to each other in the text (cf. ll. 31/32), on closer inspection you will see that "popular religiosity" (l. 31) is measured in a different study which is then compared to the "successful societies scale" (l. 32). The same goes for **task 6**: All the potential problems, like immigration, racial problems and violent media, are mentioned in the text (cf. ll. 48/49). However, they are rejected as explanations for the USA's societal dysfunctions.

Usually, the tasks follow the chronology of the text. However, for **task 7**, you have to scan the whole text for relevant passages. Once again, be careful that just because a statement can be found in the text (for example, ll. 10/11, "there can be no morality without religion", or ll. 15/16, "faith-based charity is better than universal governmental provision") does not necessarily mean that it is either the author's or Gregory Paul's opinion.

1 Gregory Paul suggests that people are religious because …

☑ religion helps them to deal with problems or difficulties.

lines 4/5: "popular religion is … stress and anxiety"

or lines 56–58: **"religion is not …a defective habitat.'"**

2 Religious people tend to believe that …

☑ religion is essential for moral behaviour.

lines 10/11: "there can be … morality without religion."

	true	false
3 Atheists and humanists are convinced that moral behaviour is inborn.	☑	☐

lines 17–19: "Atheists, naturalists and … kindness, and reciprocity."

4 In his "successful societies scale" Gregory Paul lists …

☑ the proportion of social ills in societies.

lines 32–35: "the 'successful societies … a society's health."

	true	false
5 Gregory Paul found that the most religious among the so-called first world nations were afflicted with the most serious social ills.	☑	☐

40–42: "The 1st world … of societal dysfunction."

6 According to Gregory Paul, many secular countries are healthier than the US because …

☑ governments provide more help.

lines 52–54: "'religious prosociality and … secular government programmes'"

or lines 58–63: **"Americans, he says, … a supernatural creator."**

7

Sue Blackmore	Gregory Paul
1. **B**	1. **C**
2. **F**	2. **D**

Teil III: Analysis

1 **TIPP**

The solution to this assignment can be roughly divided into three parts: Gregory Paul's general findings, a focus on the USA and additional information on the USA's society and religiosity. For the first two parts, you have to make sure that you have understood Paul's research and findings. Therefore, it is important to read the article more than once, underlining the salient points. The very first sentence is a summary of Paul's findings: "Popular religious belief is caused by dysfunctional social conditions." (l. 1) More details about the correlations Paul measured between religiosity and social problems can be found in the paragraph about the SSS (cf. ll. 31–35). That is also where the special case of the USA is mentioned (cf. ll. 35–38). In the paragraphs from line 47 to 63, an explanation of the findings and numbers is attempted. Make sure to explain the unfavourable social conditions in the USA, which Paul only lists as keywords, in more detail (insufficient healthcare, stiff competition, inequality). You should also go beyond the text and come up with other arguments both for the USA's societal dysfunctions and its religiosity.

You could structure your answer as follows:
Introduction: topic of Gregory Paul's research
- connection between religiosity and social health in first world countries

Main part I: Paul's findings
- people in secular countries are better off than in religious ones
- dysfunctional societies have more believers
- explanation: people often become religious because it helps them to cope with problems
- example USA: social ills (insufficient healthcare, stiff competition, inequality) explain high levels of religiosity

Main part II: other explanations for the USA's high levels of both religiosity and social problems
- tradition: the country's foundation and history
- general spirit of freedom and individuality predominant in American attitude
- examples: American Dream as a reason to reject governmental provisions, Second Amendment (right to keep and bear arms)

Conclusion: provocative question in headline

In his work, sociologist Gregory Paul tries to find out whether there is a connection between religion and healthy social conditions in a country. To this end, he compares the degree of religiosity in first world countries with statistical information about social problems, such as crime rates, abortions, unequal distribution of wealth, etc. Paul comes to the conclusion that countries with a high degree of religiosity are afflicted with most social ills (cf. ll. 1, 40–42).
America comes off worst in all his comparisons. The US is a very religious country and faces a lot of problems. For Paul, the explanation for this statistical data is simple: When people feel secure and protected, religion plays a minor role. On the other hand, when a state fails to provide protection and support, people turn to a superior power for consolation and help (cf. ll. 56–63).
While he dismisses factors such as high immigration numbers or violent media (cf. ll. 48/49), Gregory Paul identifies several other social failures in the US which make life insecure and stressful. One of people's main concerns is "the lack of universal healthcare" (l. 59). For decades, Democratic US administrations tried to make healthcare affordable for poorer Americans. In 1965, a special programme for low-income and disabled people, Medicaid, was started. In 2010, President Obama managed to get the Affordable Care Act, an extension of Medicaid, through Congress against fierce opposition of predominantly Republican politicians. As the future of the law, widely

known as Obamacare, is in doubt, many people worry about how to pay for expensive medical services.
Another social ill which Paul mentions is the competitive economic environment in the United States (cf. ll. 59/60). Staff are employed and dismissed according to the "hire and fire" principle, which results in job insecurity. Workers can lose their jobs at short notice, and are, generally speaking, not as protected as workers in the European Union.
In addition, the gap between the rich and the poor is continually widening (cf. l. 60). The uneven distribution of wealth causes social tension which time and again erupts in violent and property crimes, all of which are proof of a dysfunctional society.
On the other hand, there are several other reasons which could explain both America's religiosity and the country's social problems. First of all, religion has played its part from the very beginning of the country's history. The first European settlers in the colonies were the so-called Pilgrim Fathers, Puritans who escaped from religious persecution in their home countries. That is why America was and still is hailed as the "Promised Land" or "God's own country".
The general importance of individuality and freedom for the American spirit can also be traced back to the nation's origins. The American Dream that everyone can make it if only they work hard enough is at the basis of many of this society's ills: People reject too much governmental interference into their lives, the American Constitution has been amended with the people's right to keep and bear arms and these conditions are fiercely defended by large groups of the population.
All in all, America's problems are certainly too complex to reduce them to the provocative statement that religious societies are worse off than secular ones. On the other hand, religious belief should not be used as a justification to continue unjust social conditions because, according to Paul, religiosity is a result of those conditions rather than a remedy against them. *(580 words)*

Teil III: Composition

2a **TIPP**

At a superficial glance, Walt Kowalski seems like an outright atheist. However, when you look more closely, you will not only recognise religious themes, such as discussions about life and death, as important subjects throughout the film, you may also identify Walt as an inwardly highly religious person with strong attitudes to sin and guilt, redemption and sacrifice. Walt's death scene is the most obvious link between himself and religion. Not only does he utter a prayer before being shot by the gang, in a Christ-like manner, he even sacrifices his life for others. You can therefore base your comment on the contrast between outward and inward religiosity, Walt's gradual development throughout the film or a combination of both aspects.

You might want to structure your comment as follows:
Introduction: theme religion in film
- opening and final scene: burial services set in church
- central theme: life and death
- Father Janovich as an important character

Main part
- Walt as a disbeliever
  - constant refusal to go to confession
  - against hypocrisy
  - Walt's attitude towards Father Janovich (and people in general)
- turning point
  - friendship with Thao and Sue
  - Sue's mugging
- Walt as a believer
  - better relationship with Father Janovich
  - prays before he is shot dead
  - seeks redemption by sacrificing his life for his neighbours Sue and Thao

Conclusion
- Walt seems a grumpy old man, rude, racist, hard on the outside
- his experiences with Thao's family bring out the good side in him
- needs to overcome his loneliness and guilt (war experiences in Korea)

Religion is one of the major themes in *Gran Torino*, as can be inferred from several religious practices presented in the film. The movie begins and ends with a funeral service, the first for Dorothy Kowalski and the last for her husband Walt. Both services take place in the same church and are conducted by the same priest, Father Janovich, who is an important character in the film. Apart from these two sombre events, the film also shows a joyful religious occasion: Walt's next-door neighbours, a Hmong family, celebrate the baptism of a new-born baby. In a way, these religious ceremonies symbolise one of the main themes of the movie, life and death, which is also the topic of Father Janovich's sermon and his discussions with Walt Kowalski.
While Walt is baptised as a Catholic and was married to a very religious wife, he seems like an outright atheist at the beginning of the film: he admits to Father Janovich that he only ever went to church for his wife's sake, refuses to go to confession, ridicules the priest and his seemingly naive outlook on life and death and creates a distance between the two of them by telling Father Janovich to call him "Mr Kowalski" instead of using his first name. Additionally, Walt is not at all cordial, but bitter and unapproachable with his family and neighbours.
However, in the course of events, Walt's brusque and unapproachable manner softens. He befriends two Hmong teenagers, Thao and Sue, and his aversion to the man of the church begins to wane. At a critical point in his life, when Walt is devastated after Sue's mugging, he turns to the priest and admits that he wants to do something to help

Thao and Sue out of their hopeless situation. He finally even goes to confession, however without touching on the core of his guilt, the shooting of a young boy during the Korean War. His very last act seems to show his true conversion to a believer: he sacrifices his life by provoking the gang who threatened Sue and Thao into shooting him dead in front of several witnesses, an act for which they can finally be arrested by the police. He seems to see his sacrifice as a form of repaying his debt, as a way of giving his life meaning and as a compensation to make up for the evil things he did. The fact that Walt prays "Hail Mary, full of grace" before he reaches into his coat pocket, knowing that he will be gunned down by the gang, could be interpreted as his hope for forgiveness and evidence of his Christian belief.
All in all, in great parts of the film, Walt Kowalski is a grumpy, miserable old man, a recluse who hates most people, wants to be left alone and refuses to have anything to do with the clergy. The experiences with the Hmong family change and soften him. It can therefore seem as if Walt finds his way to God only at the end of his life. However, it could be argued that deep down inside, Walt has always been a religious person with his strong attitudes about guilt and forgiveness. He despises hypocrisy, something he sees in both his family and the church, and for a long time, his inability to really address the atrocities he has seen and done in the war make him bitter and lead him to reject everyone and everything. Finally, being at peace with himself and his past, he voluntarily gives his life for others, thereby possibly revealing his true character. *(601 words)*

2b **TIPP**

The assignment comprises two parts: an interpretation of the cartoon and your comment on its message. In the first part, you should follow the procedure of analysing a cartoon, which means first describing the scene, the people and the action, and then interpreting the hidden meaning. In your comment, you should explain your own view on the cartoon's message. Of course, you can also include your background knowledge on genetic engineering in general, but be careful not to digress too much from the topic at hand.

The key points are:
Description of the cartoon
- setting: fertility clinic
- people: woman at desk, woman in fashionable clothes with baby (old-fashioned clothes)
- situation: cf. speech bubble: woman wants to return her designer baby

Message of the cartoon
- topic: genetic engineering
- artist criticises the potential abuse of gene editing

Comment
- introduction: heated discussions about genetic engineering: condemned as unethical, or welcomed for its opportunities

- main part: pros and cons of genetic engineering
  - main advantage: can help to prevent diseases
  - not everything that is possible is also ethical ("Man playing God")
  - cartoon shows perverted form of genetic engineering: designer babies according to parents' changeable wishes
- conclusion: cartoon illustrates an absurd application of biotech in future

The cartoon shows a scene in a fertility clinic. One woman, apparently an employee at the clinic, is sitting behind a counter while another woman is standing in front of it. She is wearing fashionable clothes, sunglasses and bracelets and is holding a sad-looking baby in her arms. In contrast to the woman the baby is dressed in a rather old-fashioned style. Looking angry, the "customer" is telling the woman behind the counter that, "This designer baby is no longer fashionable." Apparently she wants to return the baby like something she has bought in a shop and no longer likes.

The cartoonist criticises a potential abuse of genetic engineering in creating so-called designer babies according to the wishes of their parents, however whimsical those wishes might be. Having a baby is then no longer a wondrous, unique experience with an unknown outcome, but is seen to be like buying another commodity to fit one's own life and wishes.

The topic of the cartoon, genetic engineering, and in particular human cloning, has for a long time raised public discussions about the pros and cons of this advanced technology. Opponents condemn the practice as unethical and stress exactly the inhumanity the cartoon refers to, whereas proponents emphasise the opportunities which modern biotechnology opens up. They point to the fact that many people who suffer from hereditary diseases, such as haemophilia or diabetes, can be cured by replacing defective or damaged cells with working ones. Furthermore, by breeding new organs or repairing damaged ones, many lives might be saved or improved.

While I do not doubt the great medical advancements brought about by genetic engineering, I thoroughly agree with the cartoon's message: not everything that is possible is also ethical. If "Man plays God" and creates future life according to the fashions or wishes of the moment, that is not only sad, but it may even become dangerous. It is sad because it would result in perfectly standardised human beings who completely lack any unique features. It could be dangerous because people could be bred to specific purposes by whoever controls genetic laboratories. In any case, a scene like the one depicted by the cartoon may sound laughable at first, but it masks a development that worries me a lot: instead of accepting people, and especially one's own offspring, as they are, one only strives for alleged perfection. But how superficial would our relationships with one another become if they were only desired when perfect and friends, lovers, or even children could be immediately discarded when they no longer measure up to our standards?

I would conclude that laws controlling the progress made in genetic engineering should definitely stay in place so that we can make use of its healing and helping powers while at the same time safeguarding the core of our humanity. *(471 words)*

TEIL I: LISTENING COMPREHENSION

Task 1: Purple Door Coffee Shop: Changing Lives One Cup at a Time

Listen to a recording about how a project is helping young homeless people in Denver. While listening, tick (✓) the correct answer (a, b or c). There is only one correct answer.

1 The aim of the scheme is …

a ☐ to give homeless young people a job.
b ☐ to raise money to provide shelter for homeless young people.
c ☐ to give homeless young people a chance to change their lives.

2 The young people are found through …

a ☐ advertisements.
b ☐ suggestions by partner organisations.
c ☐ voluntary internships.

3 A big problem of young homeless people is that they …

a ☐ lack many basic life skills.
b ☐ often fight each other.
c ☐ do not eat healthily.

4 The coffee shop owners …

a ☐ provide an education for the young people.
b ☐ meet once a week to talk about their employees.
c ☐ help their employees to manage their lives.

5 What Kevin likes about working at the "Coffee Shop" is …

a ☐ gaining new ideas through the programme.
b ☐ the approach the owners adopt towards their employees.
c ☐ that employees can talk openly to the owners.

6 The owners feel that the best thing is seeing the people in the scheme …

a ☐ grow up.

b ☐ gain self-confidence.

c ☐ enjoy themselves.

Task 2: Teen Business Owner Creates Recipe for Success

Listen to a recording about a teenager who has started her own business.
While listening, fill in the missing information. If not specified, one aspect is enough.

1 How Bree feels when baking:	
2 How her great-grandmother influenced Bree:	
3 What Bree's mother advised her daughter to do:	
4 What role Bree's mother has in the business today:	• •
5 What Leo Harrington thinks of Bree's work:	• •
6 What Bree has learnt through working in her bakery:	• •
7 What ingredient(s) make(s) Bree's sweets special:	

Task 3: Journalism and its Audiences

Listen to a recording about journalism and its audiences. While listening, complete the sentences with information from the text.

1 The book *Journalism in Context* by Angela Phillips mainly deals with

____

____.

2 The democratisation process that Internet enthusiasts once expected was about

____

____.

3 More than interviews and second-hand information, journalists' sources today also include

____

____.

4 In contrast to "pro-sumers", journalists are still the ones who

____

____.

5 Journalists today have more power than they used to because

____

____.

TEIL II & III: READING COMPREHENSION & TEXT PRODUCTION

Text A Poverty is Not Just about Income

Money alone will not end the poverty and inequality highlighted by the OECD. Today's most pressing issue is family breakdown.

The OECD sounded a global alarm this week about rising inequality, announcing that "the gap between rich and poor in OECD countries has reached its highest level for over 30 years, and governments must act quickly to tackle inequality".

Quite rightly the majority of the ameliorative measures it recommends steer clear of an overly simplistic redistributionist policy. Such wisdom takes account of the failure of the last [Labour] government to make significant dents in poverty levels through tax credits alone, and heeds calls from respected bodies like the Joseph Rowntree Foundation to address poverty in much more substantive ways. [The JRF's] publication, *Monitoring Poverty and Social Exclusion 2011*, not only warns against relying too heavily on the tax-and-benefit system to tackle poverty, but also cautions against focusing solely on child poverty. The report's assessment is clear: "The rise in working-age poverty, among those in work and not in work, represents one of the previous [Labour] government's biggest failures."

The reason cash transfers will always be insufficient to tackle poverty is because poverty is about far more than a lack of money; it's driven by interacting factors such as educational failure, serious personal debt, welfare dependency, drug and alcohol addiction and, most importantly, family breakdown. These underlying causes of poverty, which policy has to address if there is to be any significant improvement in people's ability to increase earnings, are almost always mediated by family factors.

It is important to be realistic about the realities of daily life in the communities that are slipping further and further behind, and the extent to which increases in state benefits are unlikely to transform life chances. Our research has found that the increase in family breakdown that has been one of the most salient features of life since the early 1970s has hit our poorest communities the hardest.

It is important to note that "family breakdown" is not simply about divorce. The numbers of children growing up without parents has increased most notably by separations between unmarried parents. Many parents find themselves unable to nurture their children in so-called "dysfunctional families". Furthermore, fatherlessness remains a neglected issue. Dads don't just represent extra cash, they are desperately needed as role models, to cheer their kids on at football matches and to give their children a sense of identity and self-worth.

Here is the point: poverty is not just about income; it is about a range of factors – most notably family breakdown – that contribute to poverty, and which can only be addressed in "wraparound" ways: children who experience family breakdown do less well in education; debt places severe strains on personal relationships; coming from a workless household can inoculate young people against developing a work ethic; fatherlessness can create a sense of despair that finds, at best, temporary relief in alcohol and drugs; an education system that takes no account of chaos back home can lead many young girls to get pregnant before they are really ready to do the difficult work of parenting.

We see this in countries other than our own. In Sweden, where inequality is rising, the biggest risk factor for family poverty lies in single parenthood. In a country with the most generous welfare regime in the world, high rates of family breakdown are getting ever harder to mitigate with cash. Among children in Sweden growing up in single-parent families, the incidence of poverty is more than three times as high (24.7 %) than those in families with two parents (8.1 %) and, just as in the UK, children from non-intact families in comparison with those from intact families have two to three times the number of serious problems in life.

The fact remains that any discussion about inequality has to take into account not just the income gaps – which when viewed through such a narrow lens suggest a simple solution of redistribution – rather, such discussions must take greater account of the massive financial disadvantages associated with family breakdown, as well as its correlation with other drivers of poverty. Early intervention to support families with parenting and partnering relationships; help for young people at risk of social exclusion to become work-ready; better engagement by the education system with those most likely to fail; and help for those furthest from the labour market at whatever age – these are just some of the policy areas we urgently need to focus on, rather than too easily allowing ourselves to fixate on income poverty alone. *739 words*

Samantha Callan: "Poverty is Not Just about Income." https://www.theguardian.com/commentisfree/2011/dec/06/poverty-income-oecd-family-breakdown, 6 December 2011,

Annotations

line 4: ameliorative: making (sth bad or unsatisfactory) better
lines 4/5: to steer clear of sth: to avoid sth
line 6: dent: reduction
line 7: to heed sth: to pay attention to sth, to take notice of sth
line 19: to mediate: (here) to influence
line 28: dysfunctional: not working normally or properly
line 36: to inoculate sb against sth: to make sb become immune to sth
line 44: to mitigate: to make (sth bad) less severe, serious or painful

Teil II: Reading Comprehension

Instructions:

- Tick the correct statement or statements as indicated.
- Give a quote from the text to support each correct statement: the line number(s) plus the first three and the last three words of the quote.
- If the quote is less than six words, write down the full quote.

1 Tick the correct statement.

Most measures which the OECD recommends …

- ☐ concern tax relief.
- ☐ go beyond granting welfare benefits and welfare payments.
- ☐ are addressed at the taxation of richer people.
- ☐ are intended to simplify the tax system.

line(s) ______ : ______________________________

____

2 Tick the correct statement.

According to the article, the last Labour government …

- ☐ did not succeed in lowering the poverty rate.
- ☐ did not invest enough funds into the welfare system.
- ☐ did not lower tax rates enough.
- ☐ closed the gap between haves and have-nots.

line(s) ______ : ______________________________

____

3 Tick the correct statement.

The report by the JRF points out that …

- ☐ child poverty is the worst social problem.
- ☐ lower taxes can remedy social ills.
- ☐ jobless people are especially hard hit by poverty.
- ☐ the economic situation of employed and unemployed people has got worse.

line(s) ______ : ______________________________

____

4 Complete the sentence. You may use your own words or quote from the text.

Poverty will not be abolished by merely lowering taxes and increasing social welfare payments because ______________________________

______________________________.

5 Identify the potential consequences of family breakdown mentioned in the text by ticking the appropriate boxes.

- ☐ financial problems
- ☐ abortions due to unwanted pregnancies
- ☐ school failure
- ☐ a feeling of hopelessness
- ☐ violent behaviour in relationships
- ☐ lack of motivation to make an effort at work

6 Tick the correct answer.

	true	false
In Sweden, about a quarter of all children are living in poverty.	☐	☐

line(s) ______: ______________________________

____

7 Tick the correct answer.

	true	false
The article suggests supporting students with difficulties as one approach to tackle poverty.	☐	☐

line(s) ______: ______________________________

____

1 Compare Text A and Text B with regard to how the correlation between poverty and single-parent households is presented.

Text B What is our Problem with Single Mothers?

What is our problem with single mothers? I used to be married and when I was married, I was a mother and that was that. When my marriage ended, suddenly, I was labelled as a "single mother" and how I was viewed completely changed.

In the UK, one in four families is headed by single parents and 90 % of those single parents are women, but in our society, the phrase "single mother" seems to be synonymous with "bad mother".

In the aftermath of the riots of 2011, David Cameron said, "I don't doubt that many of the rioters out last week had no dad at home." This lazy and insulting explanation does nothing to try and understand the complex reasons behind the unrest. And this year, Owen Lovell, town mayor of Lyme Regis, stated that morally behaved people should be placed ahead of single mothers on housing lists, insinuating that being a single mother and a good person are mutually exclusive.

Even back in 1998, Margaret Thatcher said that the children of lone mothers were better off in the care of a very good religious organisation so that they could grow up with "family values". So whether in the media or from the government, the message is the same: a good family is a couple parent family. A family headed by a single mother is simply a broken home.

But these messages ignore the facts and these facts don't fit the [stereotypical bill]. Did you know that the average age of a single mother is 38 although only 2 % of all single parents are teenagers? Also half of single parents had their children within marriage and far from being scroungers, the majority of them are actually in work. New research shows that the children of single mothers are just as likely to be happy and perform as well as their peers.

It is in fact poverty that has a detrimental effect on children. But why look to government policy to cure society's ills when we can blame it all on broken homes? We must stop demonising the single mother. We all benefit when children are raised in happy environments where families of all kinds are supported and celebrated rather than vilified and stigmatised. For the 2.8 million children being raised by single mothers in the UK today, it's time we recognise that. *394 words*

Libby Liburd: "What is our Problem with Single Mothers?", https://www.theguardian.com/commentisfree/video/2017/jan/04/what-is-our-problem-with-single-mothers-video, 4 January 2017, Getty Images, Bruno Rinvolucri, Leah Green

Annotation

line 7: riots of 2011: riots happening in different cities and towns across the UK in August 2011, originally triggered by the police shooting a young man in London, copied in other cities; in the course of the riots property was damaged, police officers were attacked and several people injured or even killed

Teil III: Composition

Choose *one* of the following:

2a "Dads don't just represent extra cash, they are desperately needed as role models …" (Text A: ll. 29/30).

Comment in which ways Larry and Silas in *Crooked Letter, Crooked Letter* may have been influenced by their family situations.

or

2b "[…] Freud had been the first to reveal the appalling dangers of family life. The world was full of fathers – was therefore full of misery; full of mothers – therefore of every kind of perversion from sadism to chastity; full of brothers, sisters, uncles, aunts – full of madness and suicide."

Aldous Huxley, Brave New World, *1932.*

"Of all the rocks upon which we build our lives, we are reminded today that family is the most important."

Barack Obama, Fatherhood Speech, 2008.

Comment on the diverging views of the social function of the family.

Lösungsvorschlag

TEIL I: LISTENING COMPREHENSION

Transcript 1 Purple Door Coffee Shop: Changing Lives One Cup at a Time

Paula Vargas: Kevin Person had been homeless for a quarter of his life. Today, he works at this espresso bar and is transitioning into a home.

Kevin Person: The struggle to get a job even when you have a house nowadays, but when you don't have a house, trying to get a job is so much harder.

Paula Vargas: The mission of the Purple Door Coffee Shop goes beyond serving coffee. The owners want to turn lives around and for two years the non-profit has hired three to four young adults per year. They work with shelters like Urban Peak, where Kevin was staying, for recommendations on who to hire. Kim Easton, who runs Urban Peak, says the partnership is vital to this community.

Kim Easton: When someone has lived in chronic stress and trauma for as long as these young people have, every day fighting for survival, they haven't had the opportunity nor the example of how to learn conflict management, how to manage money, how to cook a meal, how to pay their rent on time – nor do they understand even why that's important.

Paula Vargas: Purple Door co-founder, Madison Chandler, and her partner meet with each worker once a week. They discuss 52 topics ranging from mental health, finance, hygiene and customer service, and provide a life coaching tour; they will help their employees put their past behind them. But there are success stories.

Madison Chandler: Our very first guy that ever graduated from the programme; he's been working at an Auto Parts Warehouse since he left, which has been over a year now.

Paula Vargas: Kevin appreciates the chance to learn new skills. He says the programme is giving him things he never had.

Kevin Person: They seem to have the philosophy that they don't want to change us, they want to help us change ourselves and to have, like, a purpose and a goal that's, like, tangible.

Madison Chandler: The more rewarding things are watching somebody start to believe in themselves and to believe that they can achieve a life for themselves that they have dreamed of, or to believe that they are worth it.

Paula Vargas: As for Kevin, who turns 25 this month, living off the streets in a home and having a job will be the best gift he gives himself. For VOA news, Paula Vargas in Denver.

Paula Vargas: "Purple Door Coffee Shop: Changing Lives One Cup at a Time."
In: Voice of America News, *29 May 2015*

TIPP

These text passages will help you find the correct answer:

1 "The mission of the Purple Door Coffee Shop goes beyond serving coffee. The owners want to turn lives around" (ll. 5/6)

2 "They work with shelters like Urban Peak, where Kevin was staying, for recommendations on who to hire." (ll. 7/8)

3 "they haven't had the opportunity nor the example of how to learn conflict management, how to manage money, how to cook a meal, how to pay their rent on time – nor do they understand even why that's important." (ll. 11–14)

4 "Purple Door co-founder, Madison Chandler, and her partner meet with each worker once a week. They discuss 52 topics ranging from mental health, finance, hygiene and customer service, and provide a life coaching tour; they will help their employees put their past behind them." (ll. 15–18)

5 "Kevin appreciates the chance to learn new skills. He says the programme is giving him things he never had." – "They […] have the philosophy that they don't want to change us, they want to help us change ourselves and to have, like, a purpose and a goal that's, like, tangible." (ll. 22–26)

6 "The more rewarding things are watching somebody start to believe in themselves and to believe that they can achieve a life for themselves that they have dreamed of, or to believe that they are worth it." (ll. 27–29)

1 The aim of the scheme is …

c ☑ to give homeless young people a chance to change their lives.

2 The young people are found through …

b ☑ suggestions by partner organisations.

3 A big problem of young homeless people is that they …

a ☑ lack many basic life skills.

4 The coffee shop owners …

c ☑ help their employees to manage their lives.

5 What Kevin likes about working at the "Coffee Shop" is …

b ☑ the approach the owners adopt towards their employees.

6 The owners feel that the best thing is seeing the people in the scheme …

b ☑ gain self-confidence.

Transcript 2 Teen Business Owner Creates Recipe for Success

Faith Lapidus: For Bree Britt nothing is more enjoyable, soothing and fulfilling than working in the kitchen.

Bree Britt: I can be in the worst of moods and … once I get started baking it's just … something turns on where I'm just … in my whole … another world.

Faith Lapidus: Here she says she can be innovative and creative.

Bree Britt: I'd like to compare myself to an artist, sort of a painter for his canvas which … I'm the baker so, of course my cupcakes and cookies, and all my sweet desserts are my canvas. I think I'm going to do something with, maybe, a banana.

Faith Lapidus: Bree started cooking with her great-grandmother when she was five years old.

Lillie Walter *(great-grandmother)*: Well, I've always tried to help them learn to cook.

Faith Lapidus: Bree perfected her great-grandmother's recipes and came up with her own. When she was 12, she told her mother she wanted to open a bakery.

Bree Britt: She told me to really think about, you know, the sacrifices and the things that I'll have to go through. You know … I wasn't going to be just a normal teenager … or a normal kid anymore. So, she told me to really think about it.

Charmaine Britt *(Bree's mother)*: I thought it was going to be fly-by-night. Something that she just would get tired of eventually and once she saw how much work it would be. So my deal was we'll start online – the only way we can start making money is we'll do it online.

Faith Lapidus: It made enough money that Charmaine Britt became her daughter's business partner. They rented a shop and opened Bree's Sweet Treats. Charmaine runs the store during the day until Bree gets out of school.

Leo Harrington *(customer)*: I guess it's going to be key lime today.

Faith Lapidus: Leo Harrington, a neighbouring barber shop owner, comes almost every day.

Leo Harrington: The flavour … she has all kind … a great assortment.

Faith Lapidus: He admires what Bree's accomplished.

Leo Harrington: I watch her diligence; school and then here – baking all evening, getting ready for the next day.

Faith Lapidus: It's challenging but Bree says studying and running a business taught her how to better manage her time.

Bree Britt: It has also taught me hard work and responsibility … and it has also taught me to be more aware of people and when they come into the store, more … friendlier, that I can say. It's … it's taught me a lot.

Faith Lapidus: Whether it's vanilla or chocolate, key lime or strawberry, there is a secret behind Bree's recipes.

Charmaine Britt: Her cupcakes are made … are flavoured with fresh fruits or more of the extracts, more so than of sugar.

Faith Lapidus: But sugar or not, Bree's treats are sweet enough to keep them coming back for more.

Customer: They're so pretty!

Faith Lapidus: For writer Faiza Elmasry, I'm Faith Lapidus, VOA news.

Faiza Elmasry: "Teen Business Owner Creates Recipe for Success."
In: Voice of America News, *17 April 2015*

TIPP

These text passages will help you find the correct answer:

1 "I can be in the worst of moods and … once I get started baking it's just … something turns on where I'm just … in my whole … another world." (ll. 3/4); "Here she says she can be innovative and creative." (l. 5)

2 "I've always tried to help them learn to cook." (l. 11)

3 "She told me to really think about, you know, the sacrifices and the things that I'll have to go through. You know … I wasn't going to be just a normal teenager … or a normal kid anymore. So, she told me to really think about it." (ll. 14–16)

4 "It made enough money that Charmaine Britt became her daughter's business partner." (ll. 21/22); "Charmaine runs the store during the day until Bree gets out of school." (ll. 22/23)

5 "He admires what Bree's accomplished." (l. 28); "I watch her diligence; school and then here – baking all evening, getting ready for the next day." (ll. 29/30)

6 "Bree says studying and running a business taught her how to better manage her time." (ll. 31/32); "It has also taught me hard work and responsibility … and it has also taught me to be more aware of people and when they come into the store, more … friendlier, that I can say. It's … it's taught me a lot." (ll. 33–35)

7 "Her cupcakes are made … are flavoured with fresh fruits or more of the extracts, more so than of sugar." (ll. 38/39)

1 How Bree feels when baking:	innovative/creative/in another world
2 How her great-grandmother influenced Bree:	taught her to cook/taught Bree to bake/taught her great-granddaughter her recipes
3 What Bree's mother advised her daughter to do:	to be prepared to make sacrifices/to really think about it
4 What role Bree's mother has in the business today:	• Bree's business partner • runs store during the day
5 What Leo Harrington thinks of Bree's work:	• admires what she accomplished • admires her discipline/diligence

6 What Bree has learnt through working in her bakery:	*zwei aus:* • to better manage her time • (to take) responsibility • hard work • friendliness towards other people
7 What ingredient(s) make(s) Bree's sweets special:	fresh fruits/flavoured with fresh fruits/ the extract of fresh fruits

Transcript 3 Journalism and its Audiences

Tess Woodcraft *(reporter):* Hello this is Pod Academy and I am Tess Woodcraft. Journalism and how we interact with it is changing but what exactly are those changes and do they matter? I caught up with Professor Angela Phillips, author of *Journalism in Context*, just before she was due to speak at the [...] Future of Journalism conference in Cardiff.

Angela Phillips: I'm interested in the way in which news journalism is changing, and, in particular, how news audiences are changing in relation to changes in the industry. So I've looked at audiences in my book, *Journalism in Context,* but I've also been looking at young audiences ... young news audiences in an international context to see how young people are accessing news.

Tess Woodcraft: So, what's been happening with journalism?

Angela Phillips: Since the rise of the Internet, there have been big changes, not only in how news journalism is produced, but also in how it is consumed. And, these two things are, kind of, in lockstep. At the end of the last century, the beginning of this one, there were a lot of people who were very enthusiastic about the kind of changes. They saw the Internet as being a means of democratising news. They saw audiences being much more involved in news production and they talked about journalists becoming less elitist, more involved in their audiences, and that journalism would become much more of a collaborative process.

Tess Woodcraft: To a certain extent that's happened, hasn't it? We see, for example, the Shoreham Airshow – ordinary people's videos of the crash.

Angela Phillips: In very marginal ways this "pro-sumer" revolution – the idea of the consumer that also produces – has come to pass, but not in anything like the way in which those web enthusiasts imagined it would. What we have today is people – bystanders with cameras. So, whereas before journalists would have gone and interviewed people about what they saw and it would have been sort of secondary – second-hand information – now if there is a big event like an air crash, like a bombing, there will always be people in the vicinity who have camera phones and will very often put that information into social media where journalists can access it. But actually this doesn't make them journalists, they are still sources. And although that information moves around – might make it on Twitter or on Facebook or on YouTube – most of what happens is that it is curated by journalists who bring it together and construct a narrative around the information and then repackage it in a different

place and a different way. So, although one can look … so, really it is not collaborative.
What we're seeing is journalists who in many ways have more power than they used to have – they have the power to find their way into places where they would never, never otherwise have managed to be. The likelihood of a journalist being in the right place at the right time when a bomb goes off are *[sic]* miniscule. So the difference we have is that we now have access – to pictures in particular – that we didn't have access to before, but that doesn't really fundamentally change the job of journalists or the relationship between journalist and audience in any way.

Tess Woodcraft/Angela Phillips, Pod Academy, 8 September 2015.
http://podacademy.org/podcasts/journalism-and-its-audiences/

TIPP

The following passages might help you find the correct information:

1 "I'm interested in the way in which news journalism is changing, and, in particular, how news audiences are changing in relation to changes in the industry." (ll. 6–8)

2 "Since the rise of the Internet […] there were a lot of people who were very enthusiastic about the […] changes. They saw the Internet as being a means of democratising news. They saw audiences being much more involved in news production and they talked about journalists becoming less elitist, more involved in their audiences, and that journalism would become much more of a collaborative process." (ll. 12–19)

3 "What we have today is people – bystanders with cameras […] if there is a big event like an air crash, like a bombing, there will always be people in the vicinity who have camera phones and will very often put that information into social media where journalists can access it." (ll. 24–29)

5 "information moves around […] what happens is that it is curated by journalists who bring it together and construct a narrative around the information and then repackage it in a different place and a different way." (ll. 31–34)

6 "What we're seeing is journalists who in many ways have more power than they used to have – they have the power to find their way into places where they would never, never otherwise have managed to be. […] So the difference we have is that we now have access – to pictures in particular – that we didn't have access to before" (ll. 36–41)

1 The book *Journalism in Context* by Angela Phillips mainly deals with **the changes in news audiences/how people react to a changing news industry**.

2 The democratisation process that Internet enthusiasts once expected was about **audiences being more involved in news production/journalists becoming less elitist/journalism becoming more collaborative**.

3 More than interviews and second-hand information, journalists' sources today also include **bystanders'/eye-witnesses' videos/photos/information (on social media)**.

4 In contrast to "pro-sumers", journalists are still the ones who **curate/bring together/construct narratives around/repackage information.**

5 Journalists today have more power than they used to because **they have access to more material (than ever before)/find their way into new places (where they would not have ever been before)/have access to pictures they didn't have access to before**.

TEIL II & III: READING COMPREHENSION & TEXT PRODUCTION

Teil II: Reading Comprehension

TIPP

This comprehension task consists mainly of multiple choice and true/false questions. To answer these, it is important to find the text passages to which the questions refer. As there is normally only one correct solution, you can either find it directly in the text or indirectly by ruling out the wrong solutions.
However, for **task 5**, you have to tick all the correct solutions. However, tick only the consequences mentioned in the text, not the ones you might find likely but for which there is no proof in the text.
Task 4 requires you to complete a given sentence. It is probably easiest to find the relevant quote from the text, but a correct solution in your own words would also be accepted.
Be careful with numbers, like in **task 6**. They can easily be misleading. Of course, a percentage of about 25 % represents one quarter of a group, but pay attention to the point of reference: the group discussed here consists of single-parent families in Sweden, not all Swedish families.

1 Most measures which the OECD recommends …

☑ go beyond granting welfare benefits and welfare payments.

lines 4/5: "the majority of … simplistic redistributionist policy."

2 According to the article, the last Labour government …

☑ did not succeed in lowering the poverty rate.

lines 5/6: "the failure of … in poverty levels"

or lines 11–13: "**'The rise in … government's biggest failures.'**"

3 The report by the JRF points out that …

☑ the economic situation of employed and unemployed people has got worse.

lines 11/12: "'The rise in … not in work"

4 Poverty will not be abolished by merely lowering taxes and increasing social welfare payments because "**poverty is about far more than a lack of money**" **(l. 15)/** "**poverty is not just about income**" **(l. 32)**.

5 ☑ financial problems

☑ school failure

☑ a feeling of hopelessness

☑ lack of motivation to make an effort at work

	true	false
6 In Sweden, about a quarter of all children are living in poverty.	☐	☑

lines 44–46: "Among children in … with two parents (8.1 %)"

	true	false
7 The article suggests supporting students with difficulties as one approach to tackle poverty.	☑	☐

lines 55/56: "better engagement by … likely to fail"

Teil III: Analysis

1 **TIPP**

If you are asked to "compare sth", you are required to find similarities and differences. In this case, you are supposed to pay special attention to how the correlation between poverty and single-parent households is presented in the two texts. Therefore, you can start with analysing the two texts and then summarise the most important points about poverty and single-parent households. Afterwards in your comparison, find similarities and differences and come to a concluding result whether the texts express the same or different views regarding the topic at hand.

The key points are:

Summaries

- Text A: newspaper article
  - journalist gives a comprehensive definition of poverty as more than a lack of money
  - main reason for poverty: broken homes

- Text B: video transcript/speech/opinion piece
  - single mother complains about prejudice and public stereotype against single mothers

Similarities
- both texts deal with the problems of poverty and family breakdown
- both authors recognise poverty as a major challenge

Differences
- Text A: family breakdown is the main reason for poverty and has far-reaching (and negative) consequences for the children
- Text B: not having enough money is a problem, but family breakdown does not harm the healthy and normal development of children; single mothers should not be blamed and devalued

Conclusion
- both authors have probably the same aim: special support for those in danger of becoming impoverished
- however, different emotional quality to rather neutral article on the one hand and rather angry statement of woman who is personally affected

In Text A, which is a newspaper article published in *The Guardian* in 2011, the journalist argues that poverty does not merely mean having little or no money (cf. l. 32). It is a more complex condition which cannot be improved simply by continually increasing governmental welfare payments (cf. ll. 4–7, 14/15). Poverty is caused by a combination of several components, the most serious of which is the breakdown of families. Broken families are an especially pressing issue because many fields of life are influenced by family factors, like education, health, work ethics or debt, for example (cf. ll. 34–40). Since the early 1970s, the number of one-parent families has increased substantially (cf. ll. 22–24).

In Text B, which was published more recently in 2017 but refers to the riots of 2011 (cf. l. 7), a single mother complains about being slandered as a bad educator (cf. ll. 5/6). She resents the negative presentation of single mothers in the media, and also the prejudice and disrespect shown by politicians (cf. ll. 7–12, 15–17). She recognises that poverty in one-parent households can be a problem (cf. l. 24), but most of all, she pleads for more public recognition and acceptance for mothers who do their best to raise their offspring without a father.

Both texts deal with the problems of poverty and family breakdown and recognise poverty as a major challenge. However, while Samantha Callan, the author of the article, stresses the far-reaching and negative consequences that fatherlessness can have on children, Libby Liburd, the single mother speaking in the video, opposes the view that children growing up with only one parent are automatically disadvantaged. Therefore, the article, which stresses how a missing father does not only put financial pressure on a family, but also causes children to be less self-confident, feel rejected and even turn to drugs or alcohol to numb their pain (cf. ll. 36–38), somehow misrepresents women like Libby Liburd. She points to statistics which prove that most children who grow up in a one-parent household turn out to be normal and happy individuals (cf. ll. 22/23).

All in all, both Samantha Callan and Libby Liburd probably share the same aim: tolerance towards all kinds of families and special supportive measures for those left behind. However, Libby Liburd, who has personally experienced discrimination and derogatory behaviour, opposes the one-sided negative depiction of single-parent households, an emotional response which is certainly not intended, but could easily be evoked through Samantha Callan's more objective, rather fact-based article.

(427 words)

Teil III: Composition

2a **TIPP**

The assignment starts with a quote from the first text that fathers play a decisive role in families. Your task is to take it as a starting point to comment on the family situations of Larry and Silas in *Crooked Letter, Crooked Letter.*

You can structure your comment in the following way:
Introduction: explanation of quote: role of fathers
- providing financial stability
- male role model = loved, respected, dependable guide

Main part: family situations in *Crooked Letter, Crooked Letter*
- Larry
  - raised in family with both parents
  - economic stability
  - Carl Ott a bad father and never content with Larry
  - effect on Larry: frustrated, feels rejected and has very little self-confidence
  - turns into an unpopular outsider
- Silas
  - raised in one-parent household by hard-working mother Alice
  - many hardships: financial troubles, criminal circumstances surrounding Alice's boyfriend, move from Chicago, mother has very little time
  - effect on Silas: lonely, often frustrated, but turns into a fighter
  - popular with peers
  - turns into successful member of society

Conclusion: mere presence of father is not automatically positive

The quote from Samantha Callan's article, "Poverty is Not Just about Income", refers to the role fathers play in the development of children. According to the writer, fathers are not only important as breadwinners who support the family financially, their presence in the family is essential because a man in the house serves as a male role model. It is generally believed that children profit from the presence of a good father. Infants often regard their dad as their "hero", whom they admire, imitate, love and respect. Later when young people mature and begin to develop independence in thinking and behaviour, a good father can be a dependable guide and point of orientation.

In Tom Franklin's novel *Crooked Letter, Crooked Letter*, Larry Ott and Silas Jones grow up in different family situations, unknowing that they have the same biological father. Larry is raised in financially comfortable conditions by both his parents, Ina and Carl Ott. Larry's half-brother Silas grows up in a poorer one-parent home, where his mother Alice Jones, an African American, tries hard to support herself and her son. Therefore, it can be argued that Larry's character is shaped and influenced by the presence, Silas's life by the absence, of their father.

Carl Ott does not meet the requirements of a good father. He is not affectionate and prefers to spend his time in his garage. There he likes to be the centre of attention of a group of male friends with whom he drinks beer and shares racist jokes. In Carl Ott's eyes, Larry is a weakling, soft and feminine in appearance and absolutely hopeless as a mechanic. Carl is disappointed in his son and openly shows his contempt for him. This certainly contributes to Larry being a very insecure boy with little self-confidence who finds it difficult to make friends. He tries hard to win both his father's and his peers' acceptance, but always stays an outsider. This situation becomes even worse when he is wrongly accused of murdering Cindy Walker, a girl with whom he only pretends to have a date to impress and please both his classmates and his parents.

Silas's life has been very different from the outset: His mother Alice Jones is a hard worker, who tries to make ends meet, but seldom shows affection for her son. Although she clearly loves him, she has to work two shifts, is often away and Silas is left to his own devices. But Silas's early life is not only marked by loneliness and poverty, he has even met criminal circumstances because of one of his mother's boyfriends and is dislocated from Chicago to Chabot in Mississippi at age 13. In contrast to Larry, Silas is popular with his mates at school and at college, because he is a good baseball player. As an adult, Silas is a competent and ambitious police constable and is in a relationship with Angie, an Emergency Medical Technician.

Comparing the two characters, one can say that in contrast to general belief, growing up in a complete family with mother and father did not help Larry to develop into a full personality. On the contrary, his authoritarian, cold, humiliating father set him a bad example and crushed his self-esteem. Silas, on the other hand, had to put up with the challenges of growing up in a single-parent home, but that seems to have turned him into a fighter trying to earn his place in life and eventually developing into a responsible member of society.

All in all, the mere presence of a father does not automatically foster a child's development, nor does being raised by a single mother inevitably mean a catastrophe for the child. It rather depends on the circumstances and can turn out in different ways. A good and present father is certainly of great help for a child, whereas an abusive or indifferent father can achieve the opposite. A single mother can also provide a stable and loving environment – but at a much higher price, because earning a living for the family and replacing a missing father represent a double burden. *(684 words)*

2b **TIPP**

When asked to comment on one or several quotation(s), it is usually advisable to start with explaining the message(s) of the quote(s) in your own words. Here, you will see that the quotations present two opposing views of the functions of the family: The quote from *Brave New World* mentions the negative sides to family life, whereas Barack Obama's quote hails the importance of families. This is a good starting point for your comment, in which you can weigh the pros and cons of family life according to your own point of view.

Possible key points are:
Introduction: explanation of the two quotes
- *Brave New World*: family life is a source of suffering
- Barack Obama: importance of family

Main part: comment with arguments for both sides
- negative view:
  - examples of domestic violence, child abuse or traumatic childhood experiences
- positive view:
  - family is training ground and source of emotional fulfilment
  - prepares offspring for integration into society

Conclusion
- family life can be stressful, but family is absolutely necessary for society

Family structures have existed since the dawn of humanity. They might differ from period to period or from culture to culture, but they still play a role in all times and places. The two quotations illustrate two widely divergent views of the family and its social function. According to the passage from Aldous Huxley's novel *Brave New World*, the family is an extremely negative institution. Family life is regarded as a source of suffering and emotional disturbance. As the quote puts it, family conflicts can destroy people not only emotionally, but even physically. Contrary to this concept, Barack Obama, the former president of the USA, sees the institution of the family in a positive light. In his view, it is of utmost importance, in other words, life seems almost unthinkable without family ties.
The negative view expressed in the quote from *Brave New World* contains some basic truths, because family relations can indeed be tense or even nasty. Domestic violence and child abuse are terrible phenomena and numerous accounts of unhappy and traumatic childhood experiences prove the damaging effects of family life. However, most parents and children manage to overcome difficulties and nerve-racking confrontations or even profit from them in the long run.
So, I would rather agree with Barack Obama's praise of the family and see it not so much as a battlefield, but as a training ground and in most cases, a source of emotional fulfilment. On the one hand, a well-functioning family provides support, unconditional love and security. For children, a safe home builds the basis from which they dare to

venture out into the world, to experiment and also to make mistakes. Furthermore, children learn to "behave", which means to keep to certain rules, to be honest, to share, be industrious and apply themselves. Father and mother help their children to discover and develop their individual talents and preferences, thus preparing their offspring for a successful future.

In addition, for Obama and many politicians, the family is the basic unit of society, the nucleus of civilisation, where children are taught to live in a community together with others, where they cannot always have their own way, but must learn to compromise, respect the wishes of others and make concessions. Sociologists and educators agree that these behaviours, which are paramount for a functioning society, can best be acquired in a family context.

All in all, while I cannot deny that growing up in a dysfunctional family can be devastating, I am still convinced that there is nothing more important and nothing more indispensable than the development of social skills. The aim of states, politicians and individuals should therefore be to make this development possible through family-supportive measures and through constantly trying to fight the troubles associated with broken homes instead of questioning the value of families themselves. *(470 words)*

TEIL I: LISTENING COMPREHENSION

Task 1: The Problem of Species Extinction

Listen to a recording about the problems of species extinction and climate change. VOA reporter Rosanne Skirble is talking to Kate Burns from the Al Bustan Zoological Centre and ecology professor Mark Urban. While listening, tick (✓) the correct answer (a, b or c). There is only one correct answer.

1 According to Kate Burns, breeding rare animals …
- **a** ☐ cannot stop them from becoming extinct in the wild.
- **b** ☐ must be done on a large scale to preserve the genetic diversity of a species.
- **c** ☐ only makes sense if there are too few wild animals left.

2 Rosanne Skirble sees the reason for many species becoming extinct in …
- **a** ☐ the overall negative impact of human life.
- **b** ☐ natural processes like the earth's temperature rising.
- **c** ☐ a lack of laws which regulate hunting and poaching.

3 Experts believe that …
- **a** ☐ global warming will reach a peak during this century and then fall again.
- **b** ☐ extinctions will become worse if climate change continues as predicted.
- **c** ☐ the earth is already 4.3 degrees warmer than before the industrial revolution.

4 Mark Urban thinks that …
- **a** ☐ it is too late to save many endemic species.
- **b** ☐ one in six species will not survive if current pollution continues.
- **c** ☐ species in Australia or South America should learn to adapt to other parts of the world.

5 Mark Urban mentions a connection between species extinction and …
- **a** ☐ world hunger.
- **b** ☐ crime and security.
- **c** ☐ the ability to cure diseases.

6 The tone of the recording is …

a ☐ humorous.

b ☐ warning.

c ☐ accusatory.

Task 2: Happiness by Design: Finding Pleasure and Purpose in Everyday Life

Listen to a report on what makes us happy. While listening, fill in the missing information. If not specified, one aspect is enough.

1 The two things Professor Dolan talks about in his book *Happiness by Design*:	• •
2 Two things that are essential for the first client's happiness:	• •
3 How Dolan knows what makes people happy:	• •
4 What makes most people miserable:	
5 What kind of time is least valuable to most people:	
6 Why it is important how we use our time:	
7 Two instant measures of being happier:	• •
8 How to achieve happiness according to Dolan:	
9 Two activities that do not make us happier:	• •

Task 3: Why South African Students Have Turned on Their Parents' Generation

Listen to a report on a black South African student who threw a bucket of excrement over a statue of Cecil Rhodes. This kicked off a protest movement that is shattering the way the country sees its past. While listening, fill in the gaps. It is not necessary to use the exact same words from the text.

Chumani Maxwele, the son of a poor miner from the Eastern Cape, South Africa, realised one day that the apartheid past was still **(1)** ______________________________. The realisation made him feel **(2)** ______________________________, because it had not been what he had been taught growing up. His generation had been told they were the "**(3)** ______________": an exceptional generation in South African history, the first one raised with almost no direct **(4)** ________________________ of apartheid's terrors. In school and at home, parents and grandparents of Maxwele's generation often reminded the young people how different life was for them and how much they had to be **(5)** ______________________________.

On the morning of 9 March, Maxwele travelled by **(6)** ____________________ out to Khayelitsha, picked up one of the buckets of shit that he found in the street, and brought it back to the campus of the University of Cape Town (UCT), where, in 2011, he had gained a scholarship to study **(7)** ______________________. He took it to a bronze statue of the 19th-century **(8)** ________________ colonialist Cecil John Rhodes. Rhodes had been one of the main architects of South Africa's **(9)** ______________________. "Where are *our* heroes and ancestors?" Maxwele shouted to a gathering, curious crowd. Then he opened the bucket and hurled its contents into Rhodes's **(10)** ________________.

Eve Fairbanks: "Why South African Students Have Turned on Their Parents' Generation." In: theguardian.com, 18 November 2015. Copyright Guardian News & Media Ltd 2017

TEIL II & III: READING COMPREHENSION & TEXT PRODUCTION

Text **Traditional Ideas of Masculinity are Poisoning our Society. There is another Way.**

I thought being a man meant being tough, but then I found a more peaceful path. A new model is long overdue.

When I was younger I was almost consumed by anger. My father had abandoned me before I was born, leaving me with powerful feelings of worthlessness. Self-destruction defined my young adulthood. I thought being tough and violent was the only way to be a man, but I was also scared of violence and sought escape in reading and the natural world.

[…] [R]eading the Buddhist poet, teacher and activist Thich Nhat Hanh got me thinking again about false and true heroes – and the kinds of masculine heroes promoted as models in western culture.

"False heroes find it easier to make war than deal with the emptiness in their own souls," wrote Thich Nhat Hanh in *Fragrant Palm Leaves*, a selection of his journals written in the US and Vietnam between 1962 and 1966. Thich Nhat Hanh was exiled from Vietnam from 1966 until 2005 for practising and encouraging what he called "engaged Buddhism" – the idea that the principles of non-violence and compassion must be practised in the community, not just in the monastery – to effect social change.

Clearly there are multiple ways of being masculine – there's no such thing as a single, fixed essential masculinity. If you've ever been peaceful or angry, if you have ever loved and hated, then you know you can choose to be either of these things. We are the result of our thoughts and actions. Individual men contain and express multiple ways of being. We change often during our lifetimes.

If we are lucky, we move in the direction of love and compassion. More recently I have been trying to make that journey. In this I am lucky to be helped by the people who love me, and I am guided and accompanied by others who have travelled the same route and who have told their stories. […]

The realisation that you can choose to be peaceful and not angry is a powerful one. It can change individual lives, families and societies for the better – though it takes hard work, of course. I know I will face my anger every day. […]

Years ago, I read a book of essays called *Finding Freedom* by Jarvis Masters – since 1990 a prisoner on death row in San Quentin prison, near San Francisco. By his own admission he was an angry, raging and barely literate young man when he entered the prison as a 19-year-old, with an absent father, drug-addicted mother and a childhood characterised by abandonment and violence – a profoundly representative figure, in other words.

Masters became a gang member in prison in the early 1980s, and was sentenced to death for his alleged part in the senseless killing of an officer named Sergeant Howell

Burchfield. Many people believe in Masters's innocence and are working to free him. Masters has always said he is innocent of any part in the murder.

Remarkably, Masters has become a Buddhist during his imprisonment, and has taken the bodhisattva vow. This means that he is committed to try to help others – a dangerous practice in a place such as San Quentin, where minding one's own business is an article of faith to live and survive by. […]

In one story, called "Peace Activist", Masters writes about trying to help a raging young convict called Bosshog who is causing a ruckus. Masters sends him tobacco wrapped in Buddhist texts in exchange for Bosshog's promise to "stay cool and not go disturbing the peace on the tier again". When he is finally released, Bosshog – who arrived in the prison screaming, "I'll kill you all" – stands in front of Masters's cell and together they recite the peace mantra Bosshog learned to say whenever he was "about to blow his top".

When I think about true heroes, true male role models, I think about Jarvis Masters – a man who has experienced great suffering and caused great pain to others, but who dared to face the emptiness in his soul. In the most unlikely place imaginable, Masters has found redemption in compassion and helping others, even while he is caged.

In most western settings, including prisons, it's "traditional" masculinity that is dominant. Aggression, hardness, physical power and emotional reticence – not love and compassion – are the qualities most highly valued. These values are intimately connected to, and manifest in, power and systems of domination – governmental, financial, military and domestic – by which a small number of men secure the natural and economic resources of the planet for themselves, and protect their privilege by any and all means, including imprisonment, slavery and force of arms.

Many men who are raised to believe in these values, but who are denied access to the rewards such values supposedly offer – and who live without encountering alternative narratives – are angry, depressed, violent and destructive.

These are the young men who fill our prisons, who fight in the streets and in pubs, who beat their partners and their children, who fill the internet with misogynistic hate. Historically, they are also the men who are enlisted to fight for other men's power. When we talk about finding new heroes and new models of masculinity, we have to talk about dismantling these systems of domination.

Power knows this, which is why voices calling for different models – valuing peaceful coexistence, mutual tolerance, caretaking of each other and of the planet – are most often marginalised and ridiculed, and sometimes exiled, imprisoned or killed.

That we need love and compassion isn't a new story. But things feel so urgent and so difficult now. We are fighting over ever-dwindling resources in the name of this system or that, this God or that, with perhaps fatal consequences for our planet. […]

935 words

Howard Cunnell: "Traditional Ideas of Masculinity are Poisoning our Society. There is another Way." https://www.theguardian.com/commentisfree/2017/may/15/power-violence-define-men-peace-masculinity, 15 May 2017,

Teil II: Reading Comprehension

Instructions:

- Tick the correct statement or statements as indicated.
- Give a quote from the text to support each correct statement: the line number(s) plus the first three and the last three words of the quote.
- If the quote is less than six words, write down the full quote.

1 Tick the correct answer.

	true	false
As a boy, the author of the article often had to escape from his violent father.	☐	☐

line(s) ______ : ____

____

2 Tick the correct answer.

	true	false
"Engaged Buddhism" means that you are friendly, compassionate and avoid violence in the society you live in.	☐	☐

line(s) ______ : ____

____

3 Tick the correct statement.

☐ There is only one way of being a man.
☐ You should find your own way of being masculine without the help of others.
☐ Peacefulness and anger are both uncontrollable feelings one has to accept.
☐ It is difficult to change the way of being masculine that you have once learned.

line(s) ______ : ____

____

4 Tick the correct answer.

	true	false
Prison inmates usually do not support one another.	☐	☐

line(s) ______ : ____

____

5 Tick the correct statement.

Jarvis Masters helped a young convict by …

- ☐ telling him to smoke cigarettes to calm down.
- ☐ teaching him to mind his own business to avoid conflicts and survive.
- ☐ teaching him specific sentences to control his feelings.
- ☐ telling everyone that the young convict was innocent.

line(s) ______: ____

____

6 Tick the correct answer.

	true	false
Jarvis Masters is a true hero because he has suffered a lot and has caused others to suffer, too.	☐	☐

line(s) ______: ____

____

7 Tick the correct statement.

The author of the text claims that …

- ☐ the government should support the ideal of a new masculinity.
- ☐ traditional masculinity is most widely believed in in western culture.
- ☐ traditional masculinity supports strong and intimate connections between men.
- ☐ a traditional man knows how to express his feelings.

line(s) ______: ____

____

8 Tick the correct answer.

	true	false
Powerful men use other men to secure their positions of power.	☐	☐

line(s) ______: ____

____

9 Tick the *two* correct statements. Provide one quote for each correct answer.

The author supports the idea that …

- ☐ traditional and new models of masculinity can work together for a better world.
- ☐ traditional masculinity must be brought down.
- ☐ a belief in God is important to find the right way and avoid fatal consequences.
- ☐ new masculinity is often made unpopular by "traditional" men.
- ☐ the prison system should be abandoned and replaced by a different model of reward and punishment.

❶ quote 1:

line(s) ______ : ____

____

❷ quote 2:

line(s) ______ : ____

____

Teil III: Analysis

1 Contrast the false and true heroes as they are described in the article. Then analyse whether Walt Kowalski, the protagonist of *Gran Torino*, is a true or a false hero in your opinion.

Teil III: Composition

Choose *one* of the following:

2a "In an extroverted society, the difference between an introvert and an extrovert is that an introvert is often unconsciously deemed guilty until proven innocent."
Criss Jami, Venus in Arms

Comment on the quote with reference to *Crooked Letter, Crooked Letter.*

or

2b Interpret the cartoon and briefly comment on its message.

© Paul Fell/cartoonstock.com

Lösungsvorschlag

TEIL I: LISTENING COMPREHENSION

Transcript 1 The Problem of Species Extinction

Rosanne Skirble: In the United Arab Emirates, the rare bongo antelope is on the brink of extinction says Kate Burns, a veterinary nurse at Al Bustan Zoological Centre, which houses several of the animals. Burns hopes to breed more.

Kate Burns: Each individual counts. Mhmm, there is only 47 left in the wild. Mhmm, so, yeah, breeding, we need to maintain the genetic diversity of the species and that means, you know, swapping, swapping animals, swapping experience.

Rosanne Skirble: Humans are pushing this species and others to extinction. While hunting and poaching certainly play a role, so do urban sprawl and oil extraction. Climate changing emissions from power plants, buildings and transport also threaten biodiversity. Climate models predict the Earth's temperature will increase from two to six degrees Celsius this century. Experts say a 4.3-degree increase above pre-industrial times is a tipping point, which will lead to the worst impacts of climate change. Extinctions will accelerate, says University of Connecticut ecology professor Mark Urban.

Mark Urban: We reached the point where we had 16 % extinction risk for species. So one in six species could be endangered if we don't do anything about controlling greenhouse gases.

Rosanne Skirble: Urban reviewed 131 articles on species extinction for an analysis, which appears in the journal *Science*. He says some regions of the world will be harder hit than others.

Mark Urban: The small land masses play a role, places with lots of endemic species like Australia and South America. Mhmm, these are species that are already constrained to, to small ranges and so even a small shift in those ranges could endanger them.

Rosanne Skirble: Climate change will alter species and the habitats in which they live, Urban warns. Their loss will spread disease and have other unintended consequences.

Mark Urban: If you think about our food security and we have crops. Well, it's very important to understand, say, the rainfall pattern in the future, and, and the ability of those crops to still be grown. But what we're neglecting are the biotic interactions. So, what if we lose a, a really important predator of a pest in that field and suddenly that pest increases and decreases the crop yields.

Rosanne Skirble: Urban says his study gives policy makers and the public added incentive to adopt new strategies, to conserve and protect the most threatened species. Rosanne Skirble, VOA News, Washington.

Rosanne Skirble, "One in Six Species Threatened with Extinction."
In: Voice of America News, *30 April 2015*

TIPP

This listening text contains quite a lot of background noises. Don't let them distract you and try to focus on what the speakers are saying. Also, don't worry if you do not know all the vocabulary in the text. You do not have to understand each and every word in order to be able to solve the task.

These text passages will help you find the correct answers:

1 "Burns hopes to breed more. [...] Mhmm, so, yeah, breeding, we need to maintain the genetic diversity of the species and that means, you know, swapping, swapping animals, swapping experience." (ll. 3–6)

2 "Humans are pushing this species and others to extinction. While hunting and poaching certainly play a role, so do urban sprawl and oil extraction. Climate changing emissions from power plants, buildings and transport also threaten biodiversity." (ll. 7–10) All the mentioned problems are manmade.

3 "Climate models predict the Earth's temperature will increase from two to six degrees Celsius this century. Experts say a 4.3-degree increase above pre-industrial times is a tipping point, which will lead to the worst impacts of climate change. Extinctions will accelerate, says University of Connecticut ecology professor Mark Urban." (ll. 10–14)

4 "one in six species could be endangered if we don't do anything about controlling greenhouse gases." (ll. 16/17)

5 "If you think about our food security and we have crops. Well, it's very important to understand [...] the ability of those crops to still be grown. [...] So, what if we lose a, a really important predator of a pest in that field and suddenly that pest increases and decreases the crop yields." (ll. 27–31)

6 The text is about a serious topic, namely species extinction. Especially in the end when it is explained that "Urban says his study gives policy makers and the public added incentive to adopt new strategies, to conserve and protect the most threatened species" (ll. 32/33), it becomes clear that it should be seen as a warning and an encouragement to do more against climate change in the future.

1 According to Kate Burns, breeding rare animals ...

b ☑ must be done on a large scale to preserve the genetic diversity of a species.

2 Rosanne Skirble sees the reason for many species becoming extinct in ...

a ☑ the overall negative impact of human life.

3 Experts believe that ...

b ☑ extinctions will become worse if climate change continues as predicted.

4 Mark Urban thinks that ...

b ☑ one in six species will not survive if current pollution continues.

5 Mark Urban mentions a connection between species extinction and …

a ☑ world hunger.

6 The tone of the recording is …

b ☑ warning.

Transcript 2 Happiness by Design: Finding Pleasure and Purpose in Everyday Life

Professor Paul Dolan: For me happiness is in our experiences of life. Things that we feel day to day, moment to moment. And I talk about pleasure and purpose.
OK, so my name's Paul Dolan, I'm at London School of Economics and my book is called *Happiness by Design – Finding Pleasure and Purpose in Everyday Life*. So, happy lives are ones that contain some balance; it's not the same for everybody and it's not in equal measure. But some kind of balance between things that we find fun on the one hand and things that we find fulfilling on the other.
Well, it is a subjective experience. I think everything ultimately matters because it makes us feel better, so I can describe to you I think the things that I find pleasurable and the things that I find purposeful. And I can also probably give you a good sense of how much I find them pleasurable and how much I find them purposeful. And equally, of course, things that I find painful and things that I find pointless, so I think we are now getting a better insight into the quantitative nature of those elements.

Client 1: Happiness for me is a very ethereal thing, I think. By that I mean that it is very difficult to say what it is, and it can be different, at different stages of my life. But in essence, happiness for me, as I've grown older, is quite a few intangible things, things which make me think that life is worth it, so it's spending time with the people I want to be with, it's not just living from moment to moment but actually just being in the moment and doing the things that are actually most important. So the places that are really important for me, and often, actually, it's later on that you realise the happiest times. Well, I'm getting better at that.

Professor Paul Dolan: We're getting many observations on many people over many years, and there seems to be something sensible coming through from the answers people give us. We get associations with some things that you would expect them to be associated with, you know, poverty makes people miserable but being rich doesn't make people happier. So, you know, there are some nice insights coming through from this data. Time that we spend with other people that makes us feel nice, time spent on trains and on tubes and on buses, not so nice.

Client 2: The things that make me happy are: spending time with my friends and family, going out for dinner, going to watch my football team play football, playing with my cat.

Professor Paul Dolan: Well, I think how we use our time is absolutely critical, it's the scarcest resource we've got, right? The few moments that we've been talking now, or that I've been talking now, are a few moments closer to death and it's time I won't ever get back, so I think it's incumbent on us all to think about how we use that time and just reorientate some of it away from things that we're finding painful and pointless. And spend a bit more time, you know, with things that we find pleasurable and purposeful which would include spending more time with people that we like being with; would include spending a bit more time outdoors, maybe listening to music, all of these things, I think most of us know if we stop and think for a moment, would make us feel a bit happier. The interesting question is why we don't do more of it? And helping others, too, makes us feel nice, too. So all these things that we would get good feedback for if we paid attention to those experiences but one of the reasons why we don't do those things more is we don't pay attention to those experiences as much as we might, we tell ourselves big stories about the things that we think should make us happy, buying more stuff, earning more money, the kind of narratives and stories that we tell ourselves or we're told by other people that sometimes deviate us off the path of using our time in those ways that make us happier.

Yeah, I mean, I think we all know people, you know, who like to moan. It probably makes them happy moaning, too, but there are some people that are just temperamentally, naturally, you know, happier. But I think the important thing is that all of us could be a little bit happier by doing some more of the things that make us feel good. And the critical thing is to design environments that make it easier for us to do those things. You know, if you've got a friend that you want to speak to, plan a time in the diary that you speak to them, the same time every week, and then habits will get formed and automatically you speak to that person without having to think too hard about doing so. So all of us, wherever we start from, I think, can nudge ourselves a little bit happier.

Paul Dolan/Lee Millam, Pod Academy, 5 October 2014.
http://podacademy.org/podcasts/happiness-design/

TIPP

These text passages will help you find the correct answer:

1 "And I talk about pleasure and purpose." (l. 2); "So, happy lives are ones that contain some balance; […] some kind of balance between things that we find fun […] and things that we find fulfilling" (ll. 5–7)

2 "But in essence, happiness for me, as I've grown older, is quite a few intangible things, things which make me think that life is worth it, so it's spending time with the people I want to be with, it's not just living from moment to moment but actually just being in the moment and doing the things that are actually most important. So the places that are really important for me" (ll. 15–20)

3 "We're getting many observations on many people over many years, and there seems to be something sensible coming through from the answers people give us." (ll. 22–24)

4 "you know, poverty makes people miserable but being rich doesn't make people happier." (ll. 25/26)
5 "Time that we spend with other people that makes us feel nice, time spent on trains and on tubes and on buses, not so nice." (ll. 27/28)
6 "I think how we use our time is absolutely critical, it's the scarcest resource we've got, right? The few moments that we've been talking now, or that I've been talking now, are a few moments closer to death and it's time I won't ever get back" (ll. 32–35)
7 "And spend a bit more time, you know, with things that we find pleasurable and purposeful which would include spending more time with people that we like being with; would include spending a bit more time outdoors, maybe listening to music, all of these things, I think most of us know if we stop and think for a moment, would make us feel a bit happier. [...] And helping others, too, makes us feel nice, too." (ll. 37–42)
8 "So all these things that we would get good feedback for if we paid attention to those experiences" (ll. 42/43)
9 "we tell ourselves big stories about the things that we think should make us happy, buying more stuff, earning more money, the kind of narratives and stories that we tell ourselves or we're told by other people that sometimes deviate us off the path of using our time in those ways that make us happier." (ll. 45–49)

1 The two things Professor Dolan talks about in his book *Happiness by Design*:	• pleasure • purpose
2 Two things that are essential for the first client's happiness:	*zwei aus:* • people he likes • places that are important • enjoying each moment
3 How Dolan knows what makes people happy:	• through observations • through people's answers
4 What makes most people miserable:	poverty
5 What kind of time is least valuable to most people:	time spent on public transport
6 Why it is important how we use our time:	we won't get it back/scarcest resource we have
7 Two instant measures of being happier:	*zwei aus:* • spending time with loved ones • spending more time outside • listening to music • helping others

8 How to achieve happiness according to Dolan:	paying attention to pleasurable experiences
9 Two activities that do not make us happier:	• buying more stuff • earning more money

Transcript 3 Why South African Students Have Turned on Their Parents' Generation

The apartheid past, Maxwele realised, was still shaping his life. The realisation made him feel more and more angry, because it had not been what he had been taught growing up. His generation had been told they were the "born frees": an exceptional generation in South African history, the first one raised with almost no direct memory of apartheid's terrors. "They're like nothing that's ever been!" bleated a promo segment for *Born Frees*, a reality TV show that began airing in South Africa in 2004. In school and at home, their elders often reminded them how different life was for them and how much they had to be grateful for.

On the morning of 9 March, Maxwele travelled by minibus taxi out to Khayelitsha, picked up one of the buckets of shit that sat reeking on the kerbside, and brought it back to the campus of the University of Cape Town (UCT), where, in 2011, he had gained a scholarship to study political science. He took it to a bronze statue of the 19th-century British colonialist Cecil John Rhodes that held pride of place on campus, just downhill from the convocation hall. Rhodes had been one of the main architects of South Africa's segregation. "Where are *our* heroes and ancestors?" Maxwele shouted to a gathering, curious crowd. Then he opened the bucket and hurled its contents into Rhodes's face.

Eve Fairbanks: "Why South African Students Have Turned on Their Parents' Generation."

TIPP

In this task, you do not need to fill in the gaps with the exact words from the text. However, your solution has to make sense in the context given.

Chumani Maxwele, the son of a poor miner from the Eastern Cape, South Africa, realised one day that the apartheid past was still (**1**) **shaping/influencing his life**. The realisation made him feel (**2**) **more and more/increasingly angry**, because it had not been what he had been taught growing up. His generation had been told they were the "(**3**) **born frees**": an exceptional generation in South African history, the first one raised with almost no direct (**4**) **memory/recollection** of apartheid's terrors. In school and at home, parents and grandparents of Maxwele's generation often reminded the young people how different life was for them and how much they had to be (**5**) **grateful/thankful/glad for**.

On the morning of 9 March, Maxwele travelled by (6) **minibus taxi** out to Khayelitsha, picked up one of the buckets of shit that he found in the street, and brought it back to the campus of the University of Cape Town (UCT), where, in 2011, he had gained a scholarship to study (7) **political science/politics**. He took it to a bronze statue of the 19th-century (8) **British** colonialist Cecil John Rhodes. Rhodes had been one of the main architects of South Africa's (9) **segregation**. "Where are our heroes and ancestors?" Maxwele shouted to a gathering, curious crowd. Then he opened the bucket and hurled its contents into Rhodes's (10) **face**.

TEIL II & III: READING COMPREHENSION & TEXT PRODUCTION

Teil II: Reading Comprehension

TIPP

To answer the comprehension questions, you have to read the text carefully and probably several times, once for general understanding and subsequently, to find the specific passages to which the questions refer.

For some questions, it can seem quite easy to identify the correct solution, but more difficult to give evidence from the text. Take **task 3**, for instance, where it might be easier to find proof why the wrong options are not correct: "There is only one way of being a man" can easily be contradicted by lines 15/16, "Clearly there are multiple ways of being masculine – there's no such thing as a single, fixed essential masculinity." The whole example of Jarvis Masters helping and teaching Bosshog (cf. ll. 37–51) shows that one can be helped by others in finding the right way, which is also confirmed by lines 21 to 23, "In this I am lucky to be helped by the people who love me, and I am guided and accompanied by others who have travelled the same route and who have told their stories." The third option is a bit harder to discard, but on closer inspection, the sentences, "If you've ever been peaceful or angry, if you have ever loved and hated, then you know you can choose to be either of these things" (ll. 16/17), and "The realisation that you can choose to be peaceful and not angry is a powerful one" (l. 24), make clear that the option must be wrong. If there is a choice about something, it is not uncontrollable. So, only option four holds true. The whole text seems to be evidence for the difficult process of learning a new type of masculinity. You should, however, find a quote that expresses exactly that thought.

Another example is **task 7**. The whole article seems to express that traditional masculinity must be brought down, or at least the author's preference for "another way" (headline). To find a suitable quote, you should once more try to find a text passage that addresses the wish to bring the old system down more or less directly.

In **task 5**, you must deduce from the context or from your background knowledge that a mantra is a specific sentence used in meditation.

In **task 6**, be aware that the text sees Jarvis Masters as a hero, but not because he suffered and made others suffer, but because he dared to face his inner emptiness. Therefore, while the words of the task can be found in the text, you have to continue reading to understand that the sentence is false.

	true	false
1 As a boy, the author of the article often had to escape from his violent father.	☐	☑

lines 1/2: "My father had … I was born"

	true	false
2 "Engaged Buddhism" means that you are friendly, compassionate and avoid violence in the society you live in.	☑	☐

lines 13/14: "'engaged Buddhism' – the … in the monastery"

3 ☑ It is difficult to change the way of being masculine that you have once learned.

lines 25/26: "though it takes hard work"

	true	false
4 Prison inmates usually do not support one another.	☑	☐

lines 38–40: "This means that … and survive by."

5 Jarvis Masters helped a young convict by …

☑ teaching him specific sentences to control his feelings.

lines 46/47: "together they recite … blow his top'."

	true	false
6 Jarvis Masters is a true hero because he has suffered a lot and has caused others to suffer, too.	☐	☑

lines 48–50: "When I think … in his soul."

7 The author of the text claims that …

☑ traditional masculinity is most widely believed in in western culture.

lines 52/53: "In most western … that is dominant."

	true	false
8 Powerful men use other men to secure their positions of power.	☑	☐

line 64: "Historically, they are … other men's power."

9 The author supports the idea that …

☑ traditional masculinity must be brought down.

☑ new masculinity is often made unpopular by "traditional" men.

❶ quote 1:

lines 65/66: "When we talk … systems of domination."

❷ quote 2:

lines 67–69: "Power knows this, … imprisoned or killed."

Teil III: Analysis

1 **TIPP**

The task consists of several steps, as the two instructions "contrast" and "analyse" suggest. In a first step, you have to sum up how the text defines true and false heroes. "Contrast" implies that you should especially focus on the differences between the two. Secondly, you have to focus on Walt Kowalski, the protagonist of *Gran Torino*, and categorise him as either a true or a false hero. For this analysis, you can take your results from the text and assess which of the characteristics of true or false heroes Walt displays and how that changes in the course of the film. In the beginning, Walt certainly possesses many typical features of a false hero, but he becomes compassionate and caring towards the end. You should finish your text with a concluding statement on where you see Walt on a scale from false to true hero.

You could structure your answer in the following way:

Characteristics of false heroes (text)
- aggression, physical power, unwillingness to talk about emotions
- destructive for themselves and society at large

Characteristics of true heroes (text)
- love, compassion, peacefulness, care, responsibility

Walt Kowalski's development from false to true hero
- at the beginning: violent, angry, bitter, not able to talk about his war experiences
- self-sacrifice at the end for the sake of love, compassion and a wish for forgiveness

Conclusion
- Walt may not be a perfect "true hero" (still angry, violent), but certainly has learnt some of the values that really matter

Howard Cunnell, the author of the article "Traditional Ideas of Masculinity are Poisoning our Society. There is another Way", published in *The Guardian* on 15 May 2017, distinguishes between true and false heroes. In his opinion, the typical masculine hero in western culture is aggressive, physically powerful and not willing to talk about his feelings (cf. ll. 52–54). In addition, he tries to dominate others by all possible means (cf. ll. 54–58). Such people are false heroes because their attitude leads to depression, violence and destruction, not only in their personal lives, but also in society as a whole and on a global scale (cf. ll. 59–61, 62/63, 71/72).

True heroes, on the other hand, are men who fight these destructive tendencies and try to base their lives on the principles of love and compassion (cf. ll. 53/54). Instead of protecting their privileges, these new heroes live their lives in peaceful coexistence with others, taking care of the people around them as well as of the planet as a whole (cf. ll. 67/68). Furthermore, true heroes address their problems and deal with their insecurities (cf. ll. 48–51).

At the beginning of the film *Gran Torino*, Walt Kowalski seems to be a typical man in the traditional western sense who exerts his power by threatening others with his gun. He is full of anger against everybody, his family as well as his Hmong neighbours. In another sense, Walt also fits the typical description of a false hero because he has been shaped by his terrible experiences in the Korean War, but instead of talking about them and the guilt he feels, he stays silent and his bitterness and aggression only grow.

At the film's climax, however, he sacrifices himself for the sake of his new friends, the two Hmong teenagers Thao and Sue, who are threatened by a gang of fellow Asians. Walt provokes them to shoot him dead in full view of many witnesses so that the gang can finally be arrested. By this act, he prevents Thao from taking revenge on the gang himself after they have mugged his sister Sue. Walt seems to have realised that being aggressive and violent, in other words a "false hero", can damage one's soul and he wants to protect Thao from becoming one.

In his development from a misanthropic widower to an engaged protector of the family in his neighbourhood, Walt could be described to be on the way to becoming a true hero. Even though he is still rather harsh and unfriendly and has not completely abstained from violence, he seems to have learnt what really matters. Furthermore, he finally talks about the act of killing a young Korean boy in the war, something that has haunted him for years. His self-sacrifice is therefore motivated by the wish for forgiveness, compassion and affection for his friends, which are all typical marks of a true hero, as described in the text. Walt may not be a perfect male role model, but his brave deeds turn him into a very positive figure at the end of the film. *(521 words)*

2a **TIPP**

You could start this task by explaining the given quote, i. e. by defining the terms introvert and extrovert and what an extroverted society is. Then relate your findings to the novel *Crooked Letter, Crooked Letter*. In the novel, it is obviously Larry who is introverted and deemed guilty of murdering a girl from his neighbourhood. First, characterise Larry and his introversion. Then say why the American South can be said to be an extroverted society in a negative sense, using the "good ol' boys" as an example. In this way, you can explain why Larry is stigmatised by the society of his village and easily accused of being a murderer and rapist. Finally, make clear that he is only absolved of all suspicions when the real murderer is found, thus proving the truth of Jami's quote.

The following points could come up in your answer:

Explanation of quote
- typical features of an extrovert: self-confident, outspoken, social
- typical features of an introvert: shy, difficulties in approaching others
- some societies value only extroversion and meet introversion with suspicion

Larry from *Crooked Letter, Crooked Letter* as the typical introvert
- bookish, not athletic, has difficulties in making friends
- low self-esteem because of lack of recognition from his father or his peers
- victim of bullying

American South as an extroverted society
- "good ol' boys": certain type of aggressive masculinity
- Larry has no chance to be accepted

Larry marked for life as a result of his introversion
- seen as the prototypical killer and rapist (Cindy Walker, Tina Rutherford)
- his only crime: being different and introvert

Conclusion: Criss Jami's quote is true with regards to *Crooked Letter, Crooked Letter*

When Criss Jami says that, "In an extroverted society, the difference between an introvert and an extrovert is that an introvert is often unconsciously deemed guilty until proven innocent", he is referring to two different types of personalities: an extrovert is someone who is usually self-confident, has no difficulties in approaching others and enjoys being social and outspoken, whereas an introvert is rather the opposite: he or she tends to be shy and reserved and does not make friends easily. In Criss Jami's opinion, some societies value extroversion more than introversion and being an introvert is equated with being anti-social and met with suspicion, as if the introverted person had something to hide.

The plot of *Crooked Letter, Crooked Letter* seems to verify the truth behind Criss Jami's quote. Larry can be characterised as the typical introvert: he loves to read and withdraws into the world of his books because, being frail and no good at sports, he finds it hard to make friends with his peers. He is timid and does not have the courage to assert his rights and interests. His very dominant father sees him as a "momma's boy" and constantly humiliates him, which further undermines Larry's low self-esteem. At school, his shyness and little self-confidence make Larry an outsider and an obvious victim for bullies.

What makes it even more difficult for him is the kind of society he lives in: the American South, dominated by the "good ol' boys". "Good ol' boys" are interested in outdoor sports like hunting, have conservative and often racist opinions, drink a lot of alcohol and make it hard for an outsider like Larry to find his place in society. In other words, the American South is marked by an aggressive masculinity which meets boys like Larry with contempt or even suspicion, as can be seen in the course of the novel.

When Cindy Walker disappears without a trace, Larry seems like the prototypical killer and rapist. In a way, he contributes to the suspicions himself, for example by lying about his date with Cindy. However, this behaviour can be explained by society's constant disapproval of his introverted personality and his strong wish to belong that results from that rejection. In a kind of vicious circle, his introversion has marked him for life. Years after Cindy's disappearance, when he returns to his hometown after his father's death, he remains ostracised and is forced to live the life of a friendless loner known as "Scary Larry". When another girl is killed in the neighbourhood, the finger of suspicion immediately points at him again.

At the end, Larry is officially cleared of all accusations, but whether he finds a way back into the society that has been shoving him away for such a long time is left open. In conclusion, Larry is the perfect example for the truth behind Criss Jami's quote: he is given a life sentence of exclusion and loneliness although his only crime was to be different and too introverted for the society he lives in. *(507 words)*

2b **TIPP**

After a short description of what you can see in the cartoon, focus on the strained relationship between the police and African Americans in the US which the cartoon illustrates. You can explain the cartoon's message by referring to recent incidents involving police violence against African Americans. Finally, you can evaluate the cartoon's impact by pointing out in which way the seemingly exaggerated reaction of the kids in the cartoon illustrates how grotesque the real-life situation has become for African Americans in their relationship with the police.

You can structure your answer like this:

Description of the cartoon

- scene in primary school classroom: teacher introduces policeman to children of different races

- policeman looks friendly and white children seem to be looking forward to his visit
- black children with frightened faces and raised hands

Message of the cartoon
- strained relationship between the US police and African Americans
- police violence and even killings of innocent black people have led to distrust in the police

Comment
- cartoon as an effective reminder of the poisoned atmosphere between police and African Americans
- recent examples of violence from both sides as further confirmation

The cartoon shows a classroom in which an elderly teacher is introducing a friendly-looking policeman to a class of primary school children from different races. Apparently, the policeman is there for a friendly visit, as can be concluded from the expectant, smiling faces of the white children in the front row. The two African American pupils in the back row, however, are holding up their hands, as people do when they are being arrested by the police. This gesture as well as their facial expressions clearly show that they are afraid of the policeman.
The cartoon illustrates the strained relationship between African Americans and the US police. Apparently for the single reason of having the "wrong" skin colour, black people are usually the ones who are stopped and searched by the police and cases where they are even shot despite being unarmed and offering no resistance whatsoever create a shocking picture of racially motivated police violence. For African Americans, encounters with the police can always turn out dangerous or even deadly no matter whether they are guilty of a crime or not. This is symbolised by the black children in the cartoon who have immediately raised their hands on being confronted with a policeman although they seem to be in a completely harmless situation. Their reaction can be seen as the result of a deeply ingrained distrust in the police that African American children learn from their parents from a very early age.
Of course, the cartoon slightly exaggerates an existing situation, but not without reason in my opinion. For me, it effectively points out a grotesque and very sad situation in real life. A long history of police violence against African Americans has led to the fear and mistrust depicted in the cartoon. After the shootings of several obviously innocent black persons by the police, there have been more and more protests against racial profiling and excessive violence by the police. The Black Lives Matter movement is a recent example of people speaking up against the unfair and unequal way black suspects are treated by the police. On the other hand, violence against the police also shows how far removed the image of the police has become from their actual role as protectors of the people. So, the cartoon is an effective reminder of how poisoned the situation has turned out when black children fear for their lives only because they see a policeman in their classroom. *(408 words)*

Sie machen ein Praktikum bei einer Nichtregierungsorganisation, die den Weblog letsgetfair.blogging.com betreibt. Sie werden gebeten, einen englischsprachigen Blogeintrag zu verfassen, um die Verbraucher*innen über die negativen Konsequenzen der Kleidungsproduktion aufzuklären. Als Grundlage dient Ihnen der ZEIT-Artikel „Unsere zweite Haut".

Ihr Text sollte etwa 250 Wörter umfassen.

Text Unsere zweite Haut

Schön, wenn die Bluse nur zehn Euro kostet. Nicht gut, wenn dafür die Umwelt leidet und Arbeiter ausgebeutet werden. […]

Beutestück Nummer zwei ist roséfarben und glänzt. Die junge Frau hält das Kleid in die Kamera, dreht und wendet es, Metallic-Optik sei das und habe 5,99 Euro gekostet. Ein Hammerpreis, sagt Funnypilgrim, wie sie sich auf YouTube nennt. Die weiteren Eroberungen der Shoppingtour: noch ein Kleid, ein Pulli, fünf Hosen, ein Oberteil, eine Strickjacke und ein Gürtel. Willkommen im Polyester-Paradies. […]

Die Konsumenten, die Polyesterkleidchen für 5,99 Euro und ebenso billige Baumwoll-T-Shirts kaufen, sind Teil des Systems Fast Fashion. Viele tragen ihre Kleider nur ein paar Mal, dann muss etwas Neues her – weil die Mode sich geändert hat oder die Teile schlicht kaputt sind. Modeketten produzieren Kleidung in immer kürzerer Zeit und bringen ständig neue Stücke in die Läden. Die Billigproduktion und der schnelle Modezyklus gehen zulasten von Arbeitern, Umwelt, Klima und der Gesundheit derjenigen, die die Kleider am Ende tragen. […]

Die Produktionsstrecke vom Entwurf bis zum ausgelieferten Kleidungsstück dauert heute nur noch wenige Wochen. Neue Kollektionen kommen nicht mehr wie früher zweimal pro Jahr in die Läden, es treffen kontinuierlich neue Kleider ein. So signalisieren die Anbieter den Kunden, dass sie ständig ihre Garderobe erneuern sollten – und machen dies möglich, indem ein T-Shirt oft kaum mehr kostet als ein Kaffee. Wer bei Billiganbietern wie H&M, Zara oder der gerade expandierenden irischen Kette Primark kauft, kann bei allen Trends mitmachen, ohne viel Geld auszugeben. Die Kunden spielen da gerne mit. Wegwerfen und Neukaufen wird zum Prinzip.

„Je mehr Kleidung hergestellt wird, desto größer wird auch die Belastung für die Umwelt", sagt Kirsten Brodde, Textilexpertin von Greenpeace. Bei der Produktion werden Hunderte verschiedener Chemikalien eingesetzt – Farbstoffe, Färbebeschleuniger und Bleichmittel, zusätzlich Substanzen, die dafür sorgen, dass Kleider griffiger werden, weniger knittern, mehr glänzen oder dass Leder nicht schimmelt. Gerade in Ländern wie China, Indien und Bangladesch, aus denen ein großer Teil unserer Textilien kommt, sind gefährliche Stoffe verfügbar. Greenpeace analysierte das Abwasser chinesischer Fabriken, die auch deutsche und multinationale Textilunternehmen beliefern, und fand langlebige giftige Chemikalien.

Die Menschen, die in solchen Fabriken unsere Kleidung herstellen, gefährden ihre Gesundheit. Bei der Sandstrahl-Methode etwa – mit der neue Jeans behandelt werden, damit sie abgetragen aussehen – atmen die Arbeiter Quarz ein, das die Lunge angreift. Nach heftiger Kritik verpflichteten sich H&M und das Jeanslabel Levi Strauss dazu, die Technik nicht mehr anzuwenden. Insgesamt haben sich die Sozialstandards jedoch kaum verbessert, obwohl die Zustände in den Fabriken lange bekannt sind. Die Organisation „Kampagne Saubere Kleidung" kritisiert niedrige Löhne und mangelnde Sicherheit. Bei einem Brand in einer Textilfabrik in Pakistan, die unter anderem für KiK produzierte, starben im September [2012] mehr als 250 Arbeiter.

20 Kilogramm Textilien pro Jahr

Auch hierzulande sorgt das Prinzip Fast Fashion für Umweltprobleme – in Form von Müll. Der durchschnittliche Europäer verbrauche im Jahr 20 Kilogramm Textilien, der Amerikaner sogar 35, schreibt Textil-Experte Andreas Engelhardt in seinem Buch *Schwarzbuch Baumwolle*. Der weltweite Fasermarkt umfasste nach Angaben der Bre mer Baumwollbörse 1990 ein Volumen von 38 Millionen Tonnen, im Jahr 2000 von knapp 50 Millionen und 2012 sogar von 75 Millionen Tonnen. Etwa die Hälfte dieser Fasern wird für Kleidung genutzt, schätzt Engelhardt.

Die vielen chemischen Zusätze in Textilien schaden vor allem den Arbeitern, womöglich aber auch den Käufern. Einige der Textil-Chemikalien können Kontaktallergien auslösen, zum Beispiel Formaldehyd. Damit werden Kleider behandelt, damit sie weniger knittern und ihre Form behalten. Zinnorganische Verbindungen, die Kleidung während des Transports vor Pilzbefall schützen, könnten nach Einschätzung des Bundesinstituts für Risikobewertung (BfR) die Fruchtbarkeit einschränken und das Nervensystem angreifen. Sie sind in der EU verboten. Andere Substanzen stehen im Verdacht, das Krebsrisiko zu erhöhen, zum Beispiel einige Azofarbstoffe. Nach Angaben des BfR verzichtet die deutsche Industrie schon lange auf die gefährlichen Mittel, nur wird ja kaum noch Kleidung in Deutschland hergestellt. „Man muss davon ausgehen, dass in einigen importierten Textilien, insbesondere aus Nicht-EU-Staaten, solche problematischen Farbstoffe enthalten sein können", schreibt das BfR. […] *635 Wörter*

Susanne Schäfer, „Unsere zweite Haut", in: ZEIT Wissen (Nr. 1/2013) *vom 04. 12. 2012, http://www.zeit.de/zeit-wissen/2013/01/Nachhaltige-Kleidung*

Lösungsvorschlag

TIPP

Keep in mind that your text should make people aware of the negative consequences of "fast fashion". First of all, you need to gather all the facts, e. g. problems in the producing as well as in the consuming countries. As you are writing a blog entry for an NGO that fights for fair trade, your text cannot be neutral: It is the purpose of your writing to convince consumers that sustainably and fair produced clothes are the only alternative to fast fashion. Do not forget to provide your text with a catchy title and to structure it logically. As you are writing a blog entry, you can include typical elements, such as addresses to your readership.

The following aspects could come up in your solution:

- definition of fast fashion:
  - very cheap clothes (cf. ll. 6, 10, 17–19)
  - fast production (cf. ll. 9/10, 13–15)
  - lack of sustainability: clothes bought and discarded in short time (cf. ll. 7–9, 20)
- negative consequences of producing cheap clothes in low-wage countries:
  - use of toxic substances (health risk for workers, environmental pollution) (cf. ll. 21–29, 30/31)
  - exploitation of workers (cf. l. 36)
  - lack of safety measures in factories (cf. ll. 36/37)
- negative consequences for buyers themselves:
  - large amounts of waste (cf. ll. 40/41)
  - health risks for those wearing the cheap clothes too (cf. ll. 47–54)

Bloody clothes – Fashion victims cause victims of fashion

Have you ever wondered how it is possible to buy a dress for only € 5.99? Western consumers are trapped in the vicious circle of "fast fashion" that makes us buy new clothes constantly, only to replace them quickly after some time because they are not up-to-date anymore.

But someone has to pay the price for our craving for the biggest bargain: In this case, it is the workers who produce cheap fashion in India, China, Bangladesh and Pakistan. Due to a lack of safety measures, hundreds of workers have already died e. g. when a fire broke out in their factory. In China and Bangladesh, toxic substances used in production endanger the workers' health and pollute the underground water. Workers run huge risks in the sweatshops of Western fashion labels, for example, but cannot be paid appropriate wages as the big companies would then not be able to sell their products as cheaply as they do now.

But in the long run, we as consumers have to face the consequences of our greed. More and more waste is produced due to our endless hunger for fashionable clothing. Chemical substances used to prevent clothes from wrinkling or becoming mouldy can damage our health severely, threaten fertility and even enhance the risk of cancer.
The good news is: You can help put an end to all that: Start shopping for fair trade clothes and feel better instantly.
Have you already tested fair trade stores? Tell us about your experiences …

(248 words)

Your English friend Jake is planning to spend a year abroad in Recife, a town in the northeast of Brazil. He has heard that flying kites is a very popular pastime in Brazil and is looking forward to trying it out himself. You have read the following two articles about this sport. You think flying kites is interesting, but you are also a bit worried about your friend.

Write an e-mail to your friend, outlining the main features of kite flying as well as its positive and problematic aspects.

Text A Kampf der Drachenläufer

In Brasilien beginnt die Hochsaison für ein seltsames Hobby

Sommerferien in Brasilien. Hochsaison der Drachenläufer, der kleinen und der großen. Die einen stehen auf einer freien Wiese, andere lassen ihre Drachen hoch oben über den Dächern der Favelas steigen. Wo man hinsieht, flattern bunte Papierdrachen am Himmel. Meiner ist aus verblasstem, rotem Seidenpapier mit einem lilafarbenen Totenkopf drauf. Er hängt im Schrank, und ich traue mich nicht, ihn endlich mal steigen zu lassen, weil ich mir sicher bin, nach ein paar Minuten wäre er weg.

Auf Anfänger wie mich nehmen die Profis an den Drachen nämlich keine Rücksicht. Sie kappen alles, was an einer Schnur durch die Luft weht [...].

Noch ein Grund, warum ich meinen Drachen erst gar nicht startklar machen muss: Das Drachen-Steigen-Lassen ist in Brasilien in fester Männerhand. Frauen und Mädchen sieht man selten inmitten der begeisterten Drachenläufer. Das Ziel ist einfach, jedenfalls beim Wettstreit mit den Drachen: Je mehr Exemplare eines anderen Teams gekappt und eingesammelt werden können, desto besser. Dafür werden die Drachenschnüre sogar ordentlich frisiert. Sie werden durch eine klebrige Masse gezogen, das so genannte Cerol. Es ist eine Mischung aus Leim, Zahnpasta und vielen fein gemahlenen Glassplittern. Danach schneidet so eine Drachenschnur wie ein Messer. Nicht selten liest man in brasilianischen Zeitungen von Unfällen mit den fast kaum zu erkennenden Schnüren, die über hunderte Meter auch Straßen kreuzen. Motorräder haben in Brasilien extra eine Art Antenne am Lenker, die die Drachenschnüre durchtrennen, bevor sie den Motorradfahrer verletzen.

Doch nicht immer dienen die Papierflieger nur dem Vergnügen. Eben weil sie so ein gewohntes und unauffälliges Bild am brasilianischen Himmel sind, haben die Drogengangs früh begonnen, sie für ihre Zwecke zu nutzen. Die Drachen werden teilweise als Kommunikationssystem genutzt, mit dem sich Drogenhändler untereinander verständigen. Drachen kündigen die Ankunft einer neuen Ladung Kokain an, warnen vor der Polizei oder melden Fremde in der Favela. Wer die Zeichen der Papierdrachen zu deuten weiß, ist schneller und sicherer informiert als mit jedem Funkspruch.

Dass das Drachenstiegen vor allem bei den unteren Einkommensklassen so populär ist, hat seinen Grund: Neben dem hohen Spaß- und Wettkampffaktor ist das Hobby mit den Papierdrachen sehr kostengünstig. Für zwei Euro bekommt man die komplette Ausrüstung mit Schnur und Drachen. Hunderttausende gehen pro Saison über die Ladentheken der kleinen Geschäfte. [...]

Der starke Küstenwind in Rio de Janeiro und die schnellen Manöver mit den Drachen verlangen jedem Mitspieler vollen Einsatz ab, und das heißt, fest zupacken, auch wenn die Schnur voller Glassplitter ist. Gelingt es, einen gegnerischen Drachen zu kappen, muss auch noch einer aus dem Team hinterherhetzen und ihn einsammeln. Wenn es dabei über Gräben, Mauern und Flüsse geht – Pech gehabt, da muss ein echter Drachenläufer durch. [...] *437 Wörter*

Axel Springer Syndication GmbH/WELT.de, 17. 01. 2014, http://www.welt.de/print/die_welt/sport/article123940300/Kampf-der-Drachenlaeufer.html

Text B **Drachen für alle**

Für den normalen Touristen gibt es in Brasilien viel zu sehen. Diejenigen von ihnen, die mehr über die brasilianische Kultur herausfinden wollen und sich nicht mit den ausgetretenen Pfaden zufriedengeben, können besonders viel entdecken. Dies gilt im speziellen für den Bereich der Jugendkulturen. Eine sehr beliebte Freizeitbeschäftigung für Kinder und Jugendliche ist Drachen steigen lassen. Gerade bei gutem Wetter kann man sehr viele Drachen, auf Portugiesisch Papagaios oder Pipas, über brasilianischen Vorstädten fliegen sehen. [...]

Überall auf der Welt lassen Kinder Drachen steigen, aber in Brasilien machen dies besonders viele. Weiterhin die Frage nach dem wieso? Es ist sicherlich ein billiges Vergnügen und kann somit von vielen Kindern ausgeübt werden. Es mag auch des Menschen Streben nach dem Unmöglichen, einem vogelgleichen Fliegen ausdrücken. Für manchen kann es die Verbindung der Erde oder des Selbst zu etwas im Himmel oder dahinter darstellen. All dies oder nichts davon mag es sein, aber es gibt weitere Erklärungsversuche. Wenn brasilianische Großstädte aus der Fernsicht von Google Earth betrachtet werden, ist unschwer zu erkennen, dass sie sehr zugebaut sind, viel mehr als vergleichbare westliche Großstädte. Beispielsweise hat Sao Paulo weniger als ein Prozent Grüngebiete. Da bleibt für Kinder nicht viel zu entdecken. Der einzige Freiraum, der noch bleibt, ist der Raum über ihren Köpfen. Diesen erobern sie sich mit ihren Pipas. [...] *215 Wörter*

Peter Michalski. Artikel: „Claiming the Sky", in: Graffiti Magazine 6th issue (2007), *S. 4–8.*

Lösungsvorschlag

TIPP

After reading the text(s) carefully, your first step when approaching a mediation is to analyse precisely what the task asks you to do. You should pay attention to the text form, the target group/addressee and the main focus of the task. These factors determine how you have to structure your text and what kind of language you should use. In this case, you are supposed to write an email to a friend, which means you can use an informal tone and should include typical elements of an email, such as a greeting and references to what you know about your friend and the general situation (e. g. his planned year abroad, worries about his safety).

The main body of your text could be divided into three parts dealing with the main features of flying kites, the positive and the problematic aspects connected with this pastime. Therefore, you should mention the following aspects:

- main features of flying kites:
  - kites called "pipas" or "pagagaios" (cf. B, l. 6)
  - mainly done by men/boys (cf. A, ll. 10/11)
- positive aspects:
  - cheap (cf. A, ll. 29–31; B, ll. 9/10)
  - not much space left in cities → claim sky (cf. B, ll. 14–19)
  - feeling like flying (cf. B, ll. 10–13)
- problematic aspects:
  - very competitive: aim to cut strings/collect trophies (cf. A, ll. 7/8, 11–14)
  - strings prepared with glass, very sharp, invisible → often accidents (cf. A, ll. 14–20)
  - used as a means of communication by drug dealers (cf. A, ll. 22–27)

Hi Jake,

It was very exciting to hear about your plans for your year abroad in Recife. Your enthusiasm about becoming a "pipa guy" was contagious and so I informed myself about this interesting hobby. What I read left me a bit worried, so I'd like to give you some information I've found in two German newspaper articles.

In summer, the Brazilian sky is full of kites, also called pipas or papagaios. Mainly men or boys, particularly the youngsters from poor areas, are into pipas. It's a cheap hobby so everyone can afford it. Furthermore, there's not much natural space left to explore for poor kids in Brazilian cities and that's why they claim the sky. You might even feel like a part of the elements, or flying yourself, when using the kite. Still, for some people, it's the competitive factor they like best: This means cutting the strings of as many other kites as possible and collecting the trophies.

And this is where my concerns come in. The competitors take flying kites too seriously: they are ruthless and strengthen their strings by gluing bits of broken glass to them so that they're razor-sharp! I think it's awful that non-participants are exposed to the nearly invisible strings, which frequently cause accidents in the streets. Besides, I really dislike the thought that drug dealers also use kites as a quick and efficient means of communication. Are you sure this is the right hobby for you? I wish you'd think it over again – at least take care, please.

Hugs,
Kristin *(258 words)*

Baden-Württemberg ▪ Leistungsfach Englisch
Mediation ▪ Übungsaufgabe 3

You are taking part in an international youth project on "The Impact of Digitisation and AI".

Using the information from the text, write an article for the English project website in which you present the drawbacks of digital language assistants such as Alexa.

Text — Experten warnen vor Sprachassistenten: Diese Risiken birgt Alexa für Kinder

Minderjährige geben Alexa, Siri und ähnlichen Sprachassistenten zu viel von sich preis, zeigt ein Gutachten. Auch Datenschützer äußern Kritik.

Ein Junge, sechs Jahre alt, wünscht sich ein Kinderlied, ruft „play Digger, Digger" ins Mikrofon. Und was tut Amazons Sprachassistentin „Alexa"? Sie schlägt ihm verschiedene Porno-Titel vor. Diese Geschichte ist nicht die einzige Panne vergangener Jahre, die Eltern schockiert. Zu sehen auf YouTube. Jetzt warnt sogar der Wissenschaftliche Dienst des Bundestags.

In einem Gutachten wird bemängelt, dass Kinder und Jugendliche persönliche Informationen von sich preisgeben oder eben Inhalte abrufen können, die sie nicht hören sollten. Außerdem stelle sich die Frage, was eigentlich mit Besuchern sei, die nicht wüssten, dass die Software gerade ihre Sätze aufzeichnet. Amazon dürfte der Pflicht zur Informationsvermittlung bei der Datenerhebung von Nutzern zwar ausreichend nachkommen, heißt es – „offen bleibt jedoch, wie unbeteiligte Dritte und Minderjährige von der Datensammlung ausgeschlossen werden können".

Mit Blick auf die USA sei außerdem unklar, „zu welchen weiteren Zwecken Amazon seine Daten zukünftig nutzen könnte". Dass sich Kriminelle Zugriff zu den Daten in der Cloud verschaffen könnten, sei ebenfalls nicht auszuschließen.

Eine Reihe von Kritikpunkten. Das Bundesinnenministerium fühlt sich in der Sache aber nicht zuständig. Ein Sprecher erklärte auf Anfrage der Deutschen Presse-Agentur: „Die Nutzung der Sprachassistenten betrifft Datenverarbeitungen durch nichtöffentliche Stellen." Für diese lasse die Datenschutz-Grundverordnung der EU den nationalen Gesetzgebern so gut wie keinen Regelungsspielraum.

„Wir müssen darauf dringen, dass die Einwilligungserklärung für den Nutzer auf die Gefahren und Möglichkeiten hinweist, die mit der Übertragung und Nutzung der Daten sowie der Daten von Dritten, die sich zufällig im Raum befinden, hinweist", meint hingegen der fraktionslose Bundestagsabgeordnete Uwe Kamann. Dies müsse detailliert erfolgen, „und nicht indem man nur einmal ein Häkchen für alles setzt". Kamann war es, der die Frage aufgeworfen hatte, ob es zulässig ist, dass Amazon die Spracheingaben der „Alexa"-Nutzer auswertet. […]

Der Hamburgische Datenschutzbeauftragte Johannes Caspar ist ebenfalls empört. Er teile die Befürchtungen des Wissenschaftlichen Dienstes des Bundestags. Probleme würden sich „aus der hohen Zahl von Fehlaktivierungen bei automatischen Sprachassistenten“ ergeben.

Diese führten dazu, dass Gespräche immer wieder übertragen werden, weil das System das Aktivierungswort fälschlicherweise verstehe. „Von diesen Datenerhebungen sind ausnahmslos alle Personen im Haushalt betroffen, ohne dass die relevanten rechtlichen Vorgaben vorliegen dürften“, sagte Caspar zu Tagesspiegel Background Digitalisierung & KI.

Insbesondere dürften „Kinder kaum einwilligungsfähig sein“. Ein weiteres Problem ist aus seiner Sicht „die fehlende Zugriffskontrolle durch eine personalisierte Steuerung, mit der eine Nutzung des Sprachsystems durch dritte unbefugte Personen verhindert werden könnte“.

Amazon bietet den Nutzern zwar neuerdings mit dem Befehl „Alexa, lerne meine Stimme“ die Möglichkeit, ein persönliches Stimmprofil einzurichten. Diese werden nach Angaben eines Amazon-Sprechers aber nur genutzt, „um das individuelle Nutzererlebnis zu verbessern“. Auf den Befehl „Computer, spiele Musik!“ hin würden für verschiedene Profile unterschiedliche Titel abgespielt. Das Gerät für Kinder zu sperren, erlaubt die neue Stimmerkennung nicht. […]

Der Sprachassistent wird nicht zum ersten Mal als Übel für Kinder angesehen. Im vergangenen Jahr veröffentlichte die britische Childwise Agency eine Untersuchung mit dem Ergebnis: Da Alexa Anweisungen ohne Wörter wie „bitte“ oder „danke“ ausführt, fürchten Experten, dass Kinder zu unhöflichen Wesen heranwachsen, die bloß noch befehlen.

Alexa, lies mir eine Gute-Nacht-Geschichte vor! Alexa, ich will …! Im April 2018 brachte Amazon tatsächlich eine Version für Kinder auf den Markt. Diese formuliert ihre Antworten kindgerechter, sagt der Hersteller. Außerdem bekamen Kinder ein Lob, wenn sie bitten und sich bedanken.

Ein anderes Alexa-Problem untersucht nun die Otto-von-Guericke-Universität Magdeburg. Nicht einmal jede vierte KI-Fachkraft sei eine Frau. Daraus ergebe sich die Frage, ob sich dies auch in Denkmustern bei der Künstlichen Intelligenz widerspiegele. Die Unesco hatte bemängelt, dass Siri und Alexa Gender-Stereotype reproduzieren.

Demnach seien sie unterwürfig, gehorsam und stets freundlich. Vor dem Hintergrund, dass Kinder mit der Technologie aufwüchsen und Sprache ein Geschlechtsmarker sei, bestehe die Gefahr, dass bestimmte Vorstellungen von Frauen transportiert würden – als dienende Maschinen.

614 Wörter

Sonja Àlvarez, Marie Rövekamp: „Experten warnen vor Sprachassistenten –Diese Risiken birgt Alexa für Kinder“, Tagesspiegel *vom 09. 07. 2019, https://www.tagesspiegel.de/wirtschaft/experten-warnen-vor-sprachassistenten-diese-risiken-birgt-alexa-fuer-kinder/24573516.html*

Lösungsvorschlag

TIPP

To solve the task, you should start by analysing the assignment in order to find out which formal requirements your solution must fulfil and which aspects you have to focus on:

- text form: article → interesting heading, several well-structured paragraphs
- target group: participants of an international youth project
  → style: should show expertise, but not be overtly formal
- assignment: "present" → give a concise account of the main aspects
- focus: disadvantages and problems mentioned in connection with Alexa, Siri and other digital language assistants

The following aspects could come up in your solution:

- two main points of criticism: data protection issues and dangers Alexa and other similar devices might pose to children
- child protection and educational issues:
  - children could be presented with inappropriate content (cf. ll. 1–3, 7/8)
  - children's data are saved and used without them giving their consent (cf. ll. 6/7, 11/12, 37, 45/46)
  - children learn that commands yield the desired results → their language becomes impolite (cf. ll. 49–51)
  - children learn gender stereotypes because language assistants have female names and reproduce an image of women as obedient servants (cf. ll. 59–64)
- data protection issues in general:
  - indiscriminate recording of everyone (with or without explicit permission), especially because activation of technologies is prone to errors (cf. ll. 8–12, 32–35)
  - insecurity as to what happens with the recorded data (cf. ll. 13–15)
  - lack of legal data protection framework in Germany for private commercial providers (cf. ll. 16–20)

Is Alexa a danger for children as well as for data security?

In many German households, digital language assistants like Siri or Alexa have become a part of everyday life. While they might make some tasks easier, some experts also regard them with growing suspicion.

One of the most pressing issues is data protection. A voice assistant records thousands of pieces of information and so far there are no clear-cut rules as to what happens with these. Criminals potentially accessing the data are only the tip of the iceberg. With a private company involved in the data collection, many of Alexa's potentially unauthorised uses are not even considered in European data protection laws.

Voice assistants do not limit their data collection to those who have explicitly given their permission. Instead, as soon as the assistant is activated – a process that despite experiments with voice recognition is still prone to errors –, everyone in the vicinity is recorded indiscriminately.
This is especially relevant in connection with child protection laws. Children cannot be considered to have given their permission to be recorded. Additionally, Alexa might inadvertently provide them with content that is inappropriate for their age.
There are further concerns when it comes to Alexa's educational side effects: Alexa does what you want her to do without being asked politely. This might lead to children becoming used to a commanding and impolite language. Secondly, Alexa, Siri and co. could reproduce harmful gender stereotypes: with their female names and their obedient behaviour, they could convey an image of women as docile servants.
Thus, for all her alleged progressiveness and user-friendliness, Alexa might also be a danger lurking in your living room. *(266 words)*

PRÜFUNGSAUFGABEN

Text — Fitting in as Experienced by Hmong Refugees in Germany and Texas

The process of integrating immigrant newcomers, particularly refugees, is complex and involves many possible approaches. Integration, as perceived and driven by national agendas, may not be felt or experienced in the same way by refugees. The concept of belonging offers a way to think about how those who are displaced understand being "in the right place", "members", or "fitting in" to new social spaces as well as their interactions with new, diverse groups of people. From this lens we can consider if refugee belonging is more successful in a major city where resettlement agencies and refugees themselves have access to more resources and opportunities or in a village where face-to-face relationships predominate. Is integration more effective in contexts that offer more hands-on assistance or in those that are more laissez-faire? A case study of two little-known resettled Hmong populations in Dallas-Fort Worth and Gammertingen that originated from the same refugee group 30 years ago offers insight into these questions.

The resettlement process in both Dallas-Fort Worth and Gammertingen relied on a system of private sponsors to welcome and guide the Hmong newcomers. In Texas, the sponsor could be an individual, group, or church congregation, whereas in Gammertingen the sponsors were all individuals. It was the sponsor's responsibility in both locations to introduce the newcomer to the community, provide cultural orientation and informal language learning opportunities, to be a primary resource/contact, and to provide a source of comfort, encouragement, and support.

In Dallas-Fort Worth, the Hmong arrived immediately before or during the 1981 national recession and were placed into a region that, although it had better-than-average employment rates, held a particular view of why this was the case: Texans' self-reliance. The ideology that every "good" citizen displays the classic Texan virtues of hard work and "pulling themselves up by their bootstraps" inspired the Hmong sponsors. As such, many sponsors prioritized finding jobs almost immediately for their refugee families.

One particular sponsor, with an air of pride, relayed finding a job for a Hmong man before he had even arrived in the United States. "We let him sleep a little to get over jet lag, but had him working full-time within three days and the family in their own apartment within two weeks!" she recounted.

Americans' general distaste for public assistance has increasingly tied welfare to immorality, unworthiness, and being out of work. The employed taxpayer was welcome in Texas while the welfare-dependent would never be accepted or thought to belong. Making the refugee into a "good" member of the local community meant getting them to work, off of public aid, and acting in the same manner as the locals.

By contrast in Gammertingen, sponsors were not tasked with helping the Hmong find employment. In fact, for the first year no one was. The mayor decided that since special federal funding was given to support the town's first-year resettlement efforts, the Hmong would be more successful job candidates if they had a full year of language and cultural education. Without language skills, for example, it would have been exceedingly difficult for a refugee to get the craftsman certification required for most workers in Germany.

Not living in the homes of the sponsors allowed the Hmong a more horizontal relationship with their German sponsors, whereas living in sponsors' homes in Texas set up a more vertical one. For most of the Dallas-Fort Worth Hmong, moving out of the sponsor's house unintentionally resulted in social separation from their American contacts. Most reported that they had not seen nor had any contact with their sponsors after the first few weeks of resettlement back in 1979, asserting that this was not a deliberate separation. This speaks to the more mobile nature of Americans and the anonymity of city life in comparison to a village where most live sedentary lives and run into the same people on a daily basis. The scale of the village resettlement offers one explanation for why almost all of the Hmong families in Gammertingen kept active ties with their original sponsors, most becoming lifelong friends.

While the mayor thought he was setting the Hmong up for successful integration, the Hmong were simultaneously orchestrating their own forms of social capital and utilizing their traditional forms of kinship and reciprocity to negotiate a space where they could belong, both in terms of Hmong tradition and Gammertingen values. Thus, state integration programs looking for desired outcomes may do well to take into account the refugees' feelings of fitting in, and what integration might look like for the newcomer. In this way, integration becomes a combination of structure (state programming) and agency (refugee ingenuity) that, for the Hmong, ultimately facilitated a space where they could fit in.

The Dallas-Fort Worth Hmong drew on a similar framework in developing a sense of belonging. While some Texans have claimed that Hmong economic success is a result of the state forcing them to "sink or swim", it was equally a matter of the refugees taking advantage of their environment, both economically and in terms of using their own social capital (educated Hmong) to negotiate the values of the receiving society. It was a combination of structure and agency that facilitated their social inclusion.

Despite the myriad differences and varying paths traveled, both groups of Hmong made equally significant leaps to the middle class in terms of housing neighborhoods, job stability, and benefits offered.

A refugee's agency in the process of reception is often overlooked and lost in top-down approaches aimed at getting them to meet desired outcomes. For this reason, ethnographic analysis of the localized forces shaping integration policy and refugee responses provides a more thorough understanding of why the managed style of integration shown in Gammertingen ultimately realized the same results in terms of perceptions of belonging and community acceptance as the laissez-faire approach in Dallas-Fort Worth. *970 words*

Faith G. Nibbs. "Belonging: The Resettlement Experiences of Hmong Refugees in Germany and Texas". https://www.migrationpolicy.org/article/belonging-resettlement-experiences-hmong-refugees-texas-and-germany (abridged), September 30, 2014, accessed July 5, 2018

Annotations

lines 20/48: 1981/1979: the Hmong were resettled over a number of years
line 27: to relay: to report, to say
line 50: sedentary: staying and living in the same area
line 56: to negotiate: (here) to find
line 61: ingenuity: ability to solve problems in a clever way
line 67: to negotiate: (here) to deal with

Teil I: Comprehension

Content 10 VP

Instructions:

- Tick the correct statement or statements as indicated.
- Provide a quotation from the text to support each correct statement: the line number(s) plus the first three and the last three words of the quotation.
- If the quotation is six words or shorter, write it down in full.

0 Example (0)

	true	false
For the integration of refugees various options are feasible.	☑	☐

line(s) *1–2* : *"The process of … many possible approaches."*

1 Tick the correct answer. (1)

	true	false
The author of the study is interested in finding out which method of integration works best.	☐	☐

line(s) ______ : ______________________________

2 Tick the correct statement. (1)

In Texas, sponsors were mostly …

- ☐ driven by their own work ethic.
- ☐ worried about the economic crisis.
- ☐ intent on reuniting Hmong families.
- ☐ busy securing government assistance.

line(s) ______ : ______________________________

____

3 Complete the sentence in your words. (1)

According to the text, a person who accepts financial aid in Texas is considered ______________________________.

4 Tick the correct statement. (1)

When the Hmong were resettled in Gammertingen, the town …

- ☐ appealed to local tradesmen to hire refugees.
- ☐ received support from higher-level authorities.
- ☐ looked for sponsors to provide financial backing.
- ☐ made efforts to have their qualifications recognized.

line(s) ______: ____

____

5 Complete the table. You may quote from the text or use your own words. (2)

How did the relationship between the sponsors and the refugees develop over time?

Dallas-Fort Worth	
Gammertingen	

6 Tick the correct statement. (1)

The Hmong "negotiate[d] a space where they could belong" (ll. 56/57) by …

- ☐ using their social skills.
- ☐ giving up their traditions.
- ☐ asking the mayor for help.
- ☐ having successful careers.

line(s) ______: ____

____

7 Complete the sentence in your own words. (1)

Ultimately, the different approaches to integration in the US and Germany led to ____.

8 Explain in your own words. (1)

"A refugee's agency in the process of reception is often overlooked" (l. 72).

____

____

9 Complete the sentence. Look at the text as a whole. You may quote from the text or use your own words. (1)

The "managed style" (l. 75) means ______________________________

____.

Teil II: Analysis
Content 10 VP / Language 15 VP

1 Compare the Texans' mentoring of the Hmong refugees to Walt's mentoring of Thao (in the movie *Gran Torino*).

Teil II: Composition
Content 10 VP / Language 15 VP

Choose *one* of the following:

2a "We were friends. Weren't we, Silas?" […]
"You were, Larry," he said. "I don't know what I was."

(Crooked Letter, Crooked Letter, *Chapter 12)*

Interpret Silas and Larry's relationship, taking this quotation as your starting point.

or

2b "Today, the truth is becoming unfashionable again. […] Moreover, the truth is hard, expensive and sometimes boring, whereas lies are easy, cheap and thrilling."

(The Independent, *March 26, 2016)*

Comment on this statement in the context of the media.

Lösungsvorschlag

Teil I: Comprehension

TIPP

First of all, read the complete text and identify words you do not know or passages that you find difficult to understand. Make sure to use the annotations because they provide important additional information that might help you. Do not look up all the words you do not know as that might cost you too much time.

Take a look at the comprehension questions one by one and try to locate the relevant text passages for each task. Normally, the tasks follow the text chronologically, so you can work on the tasks one after the other. For tasks **6**, **8** and **9**, the identification of the relevant text passages should be facilitated by the line numbers given in the assignments. The information you need can probably be found around those lines. However, some tasks, e. g. **7**, **8** and **9**, also require a general understanding of the text. This makes reading the complete text and marking its main messages, for example by highlighting them or making short notes, all the more important. Make sure you understand every single word of the tasks and of the passages which are relevant for answering them. Here, you should use your dictionary if you are unsure.

In task **8**, it is important to grasp the correct meaning of the word "agency", which, in this context, does not mean "organisation", but rather "activity" or "initiative".

For tasks **3**, **5**, **7** and **9**, it is advisable to quote from the text or use words from the same word family (e. g. "unworthy" for "unworthiness" in line 32) when completing the sentences. Although these tasks do not require direct text quotations, you ensure that your answer is really substantiated by the text if you try to locate fitting quotes.

	true	false
1 The author of the study is interested in finding out which method of integration works best.	☑	☐

lines 9/10: "Is integration more … are more laissez-faire?"

or lines 6–9 (6–10): **"From this lens … face-to-face relationships predominate. (… are more laissez-faire?)"**

2 In Texas, sponsors were mostly …

☑ driven by their own work ethic.

lines 23–25: "(The ideology that …) the classic Texan … the Hmong sponsors."

3 According to the text, a person who accepts financial aid in Texas is considered **immoral / unworthy / unacceptable / not to be a good member of society / an outsider**.

4 When the Hmong were resettled in Gammertingen, the town …

☑ received support from higher-level authorities.

lines (37/)38: "(since) **special federal funding … first-year resettlement efforts**"

5

Dallas-Fort Worth	**"social separation" / they soon lost contact**
Gammertingen	**"lifelong friends" / they stayed in touch**

6 The Hmong "negotiate[d] a space where they could belong" (ll. 56/57) by …

☑ using their social skills.

lines 55/56: "the Hmong were … kinship and reciprocity"

7 Ultimately, the different approaches to integration in the US and Germany led to **similar outcomes / both groups making it into the middle class**.

8 **It is not always taken into account that successful integration also depends on the refugee.**

9 The "managed style" (l. 75) means **a coordinated approach to integration / state integration programmes / top-down approaches / that the immigrant is provided for by the state**.

Teil II: Analysis

1 **TIPP**

When you are asked to "compare" something to something else, you are supposed to note how things are alike and / or different and to provide concrete examples. Here, you are asked to compare the Texans' mentoring of Hmong refugees as described in the text to Walt's mentoring of Thao in the film *Gran Torino*.

It is advisable to start by explaining what mentoring means. In this case, the text provides an explanation: mentoring means to give comprehensive guidance and support with the goal of helping the refugee or, in Thao's case, the protégé to establish a sense of belonging. The basic difference that Thao is not a refugee but an American-born child of refugees should also be mentioned.

In the main body of your text, you should provide examples of how the Texans deal with the refugees and compare it to the way Walt is helping Thao to integrate. While there are a lot of parallels in respect to how they provide cultural orientation and help them to become valuable members of society, Walt's approach differs from the Texans': he – unlike them – creates a deep personal bond with his protégé which turns into a father-son relationship.

Furthermore, there is a development in Walt and Thao's relationship that is different from the development of the relationship between sponsors and refugees in Fort Worth (cf. task **5** of the Comprehension part of your exam). You might want to close your answer by pointing to that fact.

The text "Fitting in as Experienced by Hmong Refugees in Germany and Texas", published on www.migrationpolicy.org by Faith G. Nibbs, deals with the resettlement experiences of Hmong refugees in Germany and Texas and their ways to integration. Its original title "Belonging: The Resettlement Experiences of Hmong Refugees in Germany and Texas" reveals what the author sees as the fundamental aim of any kind of mentoring: to help the refugees establish a sense of belonging by "introduc[ing] the newcomer[s] to the community, provid[ing] cultural orientation and informal language learning opportunities, [...] be[ing] a primary resource/contact, and [...] provid[ing] a source of comfort, encouragement, and support" (ll. 17–19).

The way Texan sponsors help Hmong refugees described in Nibbs's text shows some interesting parallels to Walt's mentoring of Thao in the film *Gran Torino*. Thao is also Hmong, but an American-born child of a refugee. Even though it is not Walt's initial intention to help, he overcomes his racist disdain for his Hmong neighbours and starts to protect Thao and his sister against the gangs in the neighbourhood. He becomes "a source of comfort, encouragement, and support" (l. 19) for Thao, which is also one of the main pillars of the Texan refugee programme. For instance, Walt encourages Thao to ask a girl out and to be more self-confident.

Especially in their provision of cultural orientation, there are obvious similarities between the Texans' mentoring of the refugees and Walt's support of Thao. The refugees are taught the classic Texan virtues of self-reliance and hard work (cf. ll. 22–25) and are confronted by their sponsors with the mentality of "sink or swim" (l. 65). Walt, in some respect the embodiment of a traditional male American, also teaches Thao the virtues of self-reliance and independence. Furthermore, the Texans provide the refugees with language learning opportunities (cf. l. 18). While Thao is already fluent in English, Walt teaches him the language of working-class males in the barber shop and later tests him on it in Kennedy's office.

The Texans' first priority as described in the article is to help the refugees find a job, because in their eyes this is the only way of becoming a valuable and thus respected member of society (cf. ll. 25/26, 31–35). Similarly, Walt talks to Thao about the importance of a career and introduces him to work, although in the beginning, this is a punishment for Thao's attempt to steal Walt's car. Later on, he enjoys showing Thao

work as a way to personal fulfilment and even buys equipment for him, not without telling him that he can pay him back as soon as he gets his first paycheck.
Despite these similarities in their approaches, the Texans' sponsoring of the refugees and Walt's mentoring of Thao significantly differ in the way their respective relationships develop. Whereas the Texans help the refugees to find a job and then very often lose contact afterwards, Walt builds a very close personal bond with Thao that eventually develops into a father-son relationship. The fact that Walt sacrifices himself to protect Thao from the gang and, in addition, bequeaths him his medal and his beloved Gran Torino shows how close they have become. The anonymity of city life that in the case of the Dallas-Fort Worth Hmong unintentionally results in social separation (cf. ll. 45–50) is overcome by Walt. He and Thao have become real friends.
Of course, one has to take into account the respective starting points from which the relationships develop: the Texans in the article as officially established sponsors fulfil their assigned duties diligently, but no longer feel responsible for the refugees afterwards. In contrast, Walt only reluctantly and rather against his own will takes on the role of Thao's mentor, but then grows to truly care for the boy. In the end, however, both mentoring styles seem to be similarly successful: the Hmong refugees from the text seem to make it in society (cf. ll. 69–71) and Thao has obviously matured enough through Walt's tutorship to be able to continue without him at the end of *Gran Torino*.

(685 words)

Teil II: Composition

2a **TIPP**

If you remember the storyline well enough, you can start your interpretation by putting the quotation in the context of the novel's action. Then explain in your own words in which way Larry and Silas's relationship is problematic and one-sided and even marked by a sense of guilt on Silas's part.

In the main body of the text, provide examples from the novel that illustrate how their relationship develops and why it must be called ambiguous and is marked by inequality.

In your conclusion, sum up the main reasons for the ambiguous nature of their friendship: society's taboos as well as their differences in character. You can end on a more positive note if you point out that – despite their difficult relationship so far – they can hope for a better understanding of each other now that the truth has come out.

Since his childhood and throughout his whole life, Larry has desperately been trying to find at least one friend. In a conversation with Silas he remembers their short-term relationship in their childhood, which, for him, was the one moment in his life that he was part of a real friendship. His statement, “We were friends. Weren’t we, Silas?”, shows that he still has fond memories of this childhood friendship, but also that he needs reassurance. The question tag “Weren’t we, Silas?” is a sign of Larry’s insecurity and uncertainty. Even for Larry’s low standards, the quality of their relationship did not completely live up to an ideal friendship. This is particularly understandable in the light of the events preceding this conversation: Silas has finally confessed to the part he played in Cindy’s disappearance and Larry’s resulting ostracism. Silas’s paradoxical answer “You were” reveals the apparent one-sidedness of their relationship. In saying “I don’t know what I was”, Silas admits to his doubts about the quality of their friendship, doubts that are not only based on the shortness of their relationship, but especially on a feeling of guilt on Silas’s part: if he had explained what he knew about Cindy and her disappearing, he would have saved Larry from being ostracised.

Larry’s uncertainty and Silas’s doubts are a result of the ambiguity of their relationship from the very beginning. To a certain extent, as boys they understand each other because they share a basic experience: Larry’s relationship with his father is very problematic and Silas does not have a father at all. Furthermore, there might be a subconscious bond between them based on the fact that they are half-brothers.

By experiencing give-and-take situations, they grow closer to each other. Larry lends Silas his father’s rifle, shows him how to catch fish and entertains him with horror stories from Stephen King. On the other hand, Silas gives Larry the one thing he never had: a friend and the feeling of doing something right and being able to show another person something they value. Before that, Larry was always made to believe that he was insufficient and not worth other people’s time, e. g. his father’s or his classmates’. The secret character of their friendship probably intensifies their bond with each other. They both need to keep their friendship hidden from their parents as well as from their peers. So, they have to withdraw into the wilderness, where they experience some intense moments only the two of them share.

However, the differences in their upbringing – Silas grew up in Chicago in rather poor circumstances, while Larry spent a privileged childhood in Cabot – prevents them from really understanding each other. Their socioeconomic backgrounds also lead to a certain envy on Silas’s part, who as an African American boy with a hardworking single mother knows poverty and perceives Larry’s wealth and the abundance of his parents’ land as very different from what he is accustomed to.

Moreover, their attitudes differ: whereas Larry enjoys spying on Cindy and does not dare to intervene when he and Silas observe how Cindy is being molested by her stepfather, Silas steps out of their hiding place and tells Cecil to leave her alone. Silas is used to fighting for his rights, whereas Larry does not have the inner strength to do this because he has only ever known bullying and being belittled by others. Furthermore, Silas gains success, recognition and popularity as a baseball star, which further distances him from unpopular and unathletic Larry.

The growing rift between them, which is also caused by a fundamental animosity between black and white, comes into the open when their father provokes a fight between them. Larry, perceiving that he is physically inferior to Silas, calls him a “nigger”. From this point on, their friendship – if it ever was one – has come to an end. Silas refuses to show solidarity with Larry in difficult situations at school or at the incident

at the Halloween party when Larry is snubbed by his classmates after taking off his Halloween mask. He justifies this behaviour and his silence about Cindy's disappearance to himself with Larry's insult. In fact, however, he acts to protect his baseball career and later on his high social standing as a police constable. Deep down inside, he knows that he is not being fair towards Larry and is acting like a coward.
To conclude, Larry and Silas's relationship is at best ambiguous or should rather be called problematic. The social taboo of interracial friendship as well as their differences in character and upbringing are the main reasons for that. However, Larry's question and Silas's honest answer could be seen as the starting point of a new phase in their relationship that can begin to develop when the truth about their childhood has come out and they have learnt that they are half-brothers. *(811 words)*

2b **TIPP**

When you are asked to comment on something, this means you are expected to write an illustrative essay making a case for or against a thesis. The assignment here expects you to support (or oppose) the given statement by providing evidence of how the truth has become unfashionable (respectively why you do not think so). You should refer to all the aspects included in the quote, which means you have to explain what it means that the truth has become "hard, expensive and sometimes boring". Furthermore, you should illustrate what the word "lies" actually means and in which way they can be "easy, cheap and thrilling". Refer to current events or developments in society and politics to substantiate your claims and to make your essay more convincing. Make sure to give your text a logical structure with an introduction that explains what your essay is about and a conclusion that is in line with your argument, but which can also present a new perspective or possible improvements.

"Today, the truth is becoming unfashionable again. […] Moreover, the truth is hard, expensive and sometimes boring, whereas lies are easy, cheap and thrilling." This quote from the British newspaper *The Independent* from March 26, 2016 challenges the reliability of the information that we get in today's media. It is no surprise that a quality newspaper like *The Independent* should make a statement like this. For quality journalism, it has always been a main concern to provide reliable information, based on well-researched evidence, which is the closest one can get to an objective truth. Is it true that this has become unfashionable?
Sociologists have described our society as moving towards a "post-truth status". If manipulations of the truth were formerly called "lies", they are now often euphemistically termed "alternative facts", a phrase coined by one of the counsellors of the newly elected President Donald Trump when asked about statements from Trump's Press Secretary that were obviously not true.
The kind of truth *The Independent* speaks of, however, is often complicated, can be difficult to grasp, and may include aspects that do not seem to comply with what we call "common sense". Truth in this sense challenges our assumptions and prejudices

and can thus be uncomfortable or "hard". In claiming that this kind of truth is becoming unfashionable, *The Independent* alludes to a growing tendency in our society to obtain information from the "filter bubble" that supports the kind of opinion that those inside the bubble already have. As it is impossible to consume all the news that media outlets, such as the Internet, provide, some kind of selection is necessary. By subscribing to often biased sources, people are constantly confirmed in their own fixed worldview. Algorithms that automatically suggest Internet content according to the user's supposed preferences further add to the selectiveness of the "filter bubble". It might be comfortable and feel good to always have one's views corroborated, but it is contrary to becoming a well-informed and open-minded member of society.

Furthermore, besides providing people with what they want to believe, lies are cheap. While quality journalism is costly because of the intensive research that has to be done for it, you do not need experts to create simple and biased news. Especially within the new media, on Internet platforms such as Facebook, Twitter and Instagram, spreading fake news has become very easy.

Moreover, in saying that the truth is becoming unfashionable again, *The Independent* is alluding to a new rise of populism that reminds one of the fascism and the communist totalitarianism of the twentieth century. Populist politicians all over the world have again started to manipulate the facts in a way that puts them in a positive light and degrades the political opposition, and their simplistic versions of the truth are much more thrilling than the often dry, complicated and balanced facts published by quality journalism. It has even become possible for politicians to turn tables and disparage quality journalism as "fake news" simply because they have a cloud of admirers who will support whatever the politicians say. Emotions just sell better than any rational considerations.

However, modern media also provide easy access for those who commit themselves vehemently to the truth. Besides quality journalism of broadsheet newspapers and public service broadcasting, there are political bloggers as well as NGOs who fight for human rights and against populist governments on the Internet. The quote from *The Independent* appeals to us to support this kind of journalism by subscribing to channels and by buying newspapers that challenge populist simplifications. Even if it might take more time, money and energy to try and encounter different viewpoints and carefully examine them for their truthfulness, this is an absolute necessity for everyone who wants to live in a free world instead of being whipped up and manipulated by whomever manages to spread their "alternative facts". *(644 words)*

Text Loneliness

According to a recent large-scale survey from the health care provider *Cigna*, most Americans suffer from strong feelings of loneliness and a lack of significance in their relationships. Nearly half say they sometimes or always feel alone or "left out". Thirteen percent of Americans say that *zero* people know them well. The survey, which charts social isolation using a common measure known as the U.C.L.A. Loneliness Scale, shows that loneliness is worse in each successive generation.

This problem is at the heart of the new book *Them: Why We Hate Each Other – and How to Heal*, by Senator Ben Sasse, Republican of Nebraska. Mr. Sasse argues that "loneliness is killing us," citing, among other things, the skyrocketing rates of suicide and overdose deaths in America. […] Mr. Sasse's assertion that loneliness is killing us takes on even darker significance in the wake of the mail-bomb campaign against critics of President Trump and the massacre at the Tree of Life Synagogue in Pittsburgh, both of which were perpetrated by isolated – and apparently very lonely – men. Mr. Sasse's book was published before these events, but he presciently described what he believes lonely people increasingly do to fill the hole of belonging in their lives: They turn to angry politics.

In the "siloed", or isolated, worlds of cable television, ideological punditry, campus politics and social media, people find a sense of community in the polarized tribes forming on the left and the right in America. Essentially, people locate their sense of "us" through the contempt peddled about "them" on the other side of the political spectrum.

There is profit to be made here. The "outrage industrial complex" is what I call the industries that accumulate wealth and power by providing this simulacrum of community that people crave – but cannot seem to find in real life.

Why are we becoming so lonely? One reason is the changing nature of work. Work is one of the key sources of friendship and community. Think of your own relationships; surely many of your closest friendships – perhaps even your relationship with your spouse – started in the workplace. Yet the reality of the workplace is rapidly attenuating, as people hop from job to job, and from city to city, as steady work becomes harder to find and the "gig" economy grows.

Mr. Sasse worries even more, however, about a pervasive feeling of homelessness: Too many Americans don't have a place they think of as home – a "thick" community in which people know and look out for one another and invest in relationships that are not transient. To adopt a phrase coined in *Sports Illustrated*, one might say we increasingly lack that "hometown gym on a Friday night feeling".

Mr. Sasse finds this phrase irresistible and warmly relates it to his own life growing up in Fremont, Nebraska, a town of 26,000 residents. He describes the high school sports events on Friday nights that drew the townspeople together in a common love for their neighbors and community that made most differences – especially political differences – seem trivial. He relates with deep fondness the feelings he experienced, after moving away for a couple of decades for school and work, when he returned to Fremont's small-town life with his family, and the deep sense of belonging it created. In what might be called "the social capital of death", Mr. Sasse charmingly describes the sense of being rooted that it gives him, at a robust and healthy 46, to own a burial plot for himself in Fremont's local cemetery. A précis of Mr. Sasse's recommendations to America thus might be this: Go where you get that hometown-gym-on-a-Friday-night feeling, put down roots and make plans to fertilize the soil.

That can be a tricky proposition for many of us. On reading the book, I asked myself where I might get that hometown-gym feeling, where I have natural roots, where I can imagine being buried. No specific place came to mind. I have no Fremont – not even Seattle, my hometown, which is a perfectly nice place, but one I unsentimentally left behind 35 years ago.

All this is particularly germane to my wife and me at the moment, as we prepare to move from Maryland to Massachusetts in the coming months. We fear the loneliness we are sure to feel as we enter a completely new place where neither of us grew up or has ever lived. Is a thick community and the happiness it brings out of reach for rootless cosmopolitans like us?

I recently put these questions to Mr. Sasse. He told me I had it all wrong – that moving back home and going to the gym on Friday aren't actually the point; rather, the trick is "learning how to intentionally invest in the places where we actually live". In other words, being a member of a community isn't about whether I have a Fremont. It isn't about how I feel about any place I have lived, nor about my fear of isolation in a new city. It is about the neighbor *I choose to be* in the community I wind up calling my home.

And there lies the challenge to each of us in a country suffering from loneliness and ripped apart by political opportunists seeking to capitalize on that isolation. Each of us can be happier, and America will start to heal, when we become the kind neighbors and generous friends we wish we had. *903 words*

Arthur C. Brooks. "How Loneliness is Tearing America Apart." The New York Times, *Nov. 23, 2018, slightly adapted, https://www.nytimes.com/2018/11/23/opinion/loneliness-political-polarization.html, From* The New York Times. *© 2018 The New York Times Company. All rights reserved. Used under license*

Annotations

line 14: presciently: prophetically
line 17: punditry: (here) experts (from: pundit)
line 20: to peddle: to deal out, to spread
line 34: transient: temporary, short-lived
line 45: précis: short version
line 53: germane: relevant

Teil I: Comprehension

Content 10 VP

Instructions:

- Tick the correct answer or answers as indicated.
- Provide a quotation from the text to support each correct answer: the line number(s) plus the first three and the last three words of the quotation.
- If the quotation is six words or shorter, write it down in full.

0 Example (0)

	true	false
Loneliness has become a pressing problem in the US.	☑	☐

line(s) 1–2 : "most Americans suffer ... feelings of loneliness."

1 Complete the sentence. (1)

According to the U.C.L.A. Loneliness Scale, young people today ________ ____________________ than ____________________.

2 Tick the two correct statements. (2)

In his book, Mr. Sasse proposes that …

- ☐ loneliness leads to self-destruction.
- ☐ extremism leads to loneliness.
- ☐ hate leads to isolation.
- ☐ isolation leads to fury.
- ☐ fear leads to violence.

❶ quote for 1st correct statement:

line(s) ______ : ____________________

❷ quote for 2nd correct statement:

line(s) ______ : ____________________

3 Complete the sentence. (1)

In modern society, people develop a feeling of identity by ____________________.

4 Tick the correct answer. (1)

The author characterizes the sense of belonging propagated by certain commercial platforms as being …

- ☐ destructive.
- ☐ addictive.
- ☐ costly.
- ☐ fake.

line(s) ______: ____

____

5 Complete the sentence. (1)

In the world of work nowadays, a sense of belonging ________________

______________________ because ________________________________.

6 Complete the sentence. (1)

Mr. Sasse's experiences in Fremont prove that people can get along despite opposing views. He cites the example of ______________________.

7 Tick the correct statement. (1)

Mr. Sasse's recipe for finding a sense of belonging is to …

- ☐ become a member of a sports club.
- ☐ be brave and face your own death.
- ☐ return to where you grew up.
- ☐ settle down for good.

line(s) ______: ____

____

8 Tick the correct statement. (1)

Looking at his own situation, the author wonders whether …

- ☐ growing roots is attractive for him and his wife.
- ☐ finding a place he could call home is possible.
- ☐ moving state was the right decision.
- ☐ leaving Seattle was a mistake.

line(s) ______: ____

____

9 Tick the correct statement. (1)

In conclusion, Mr. Sasse says that home is where you feel …

- ☐ committed.
- ☐ protected.
- ☐ accepted.
- ☐ loved.

line(s) ______: ____

____

Teil II: Analysis

Content 10 VP / Language 15 VP

1 "Each of us can be happier, and America will start to heal, when we become the kind neighbors and generous friends we wish we had." (ll. 66–68)
Explain the key phrases in this quote and examine how this quote can be applied to Walt in *Gran Torino.*

Teil II: Composition

Content 10 VP / Language 15 VP

Choose *one* of the following:

2a With regard to identity, there is a popular saying about helping a child develop: "There are two lasting gifts we can give a child. The first is roots. The other is wings."

Assess whether Larry Ott *(Crooked Letter, Crooked Letter)* has had a chance to develop "wings" in the course of his life.

or

2b College students throughout the US have repeatedly prevented speakers with extreme views from lecturing on campus.
This led the *University of Chicago Committee on Freedom of Expression* to issue a statement that "it is not its role to shield individuals from ideas and opinions they find unwelcome, disagreeable, or even deeply offensive."

Comment on this statement.

Lösungsvorschlag

Teil I: Comprehension

TIPP

Before you try to answer the questions one by one, read the whole text once to get an overview of its general message. Make sure to use the annotations, because they provide important additional information and will help you to understand difficult passages. Do not look up all the words that are unknown to you, as that might cost you too much time. When you look at the comprehension questions one by one, try to locate the relevant passages for each task in the text. Normally, the tasks will follow the text chronologically. Make sure you understand every single word of the passages you identified as relevant. Here, you should use your dictionary if you are not completely sure about the meaning of a significant paragraph.

In task **1**, you are asked to reformulate a passage of the text that includes a comparison ("than"), which leads you to the comparative "worse" in line 6. A further keyword that signals the relevant part of the text is the "U.C.L.A. Loneliness Scale" (ll. 5/6).

Task **2** deals with "the new book […] by Senator Ben Sasse" (ll. 7/8). You will therefore find the correct answers in the second paragraph of the text (cf. ll. 7–16). Make sure to identify the two causal relations that are mentioned.

For task **3**, you will find the relevant information in the third paragraph. "[M]odern society" is synonymous with "the […] worlds of cable television, ideological punditry, campus politics and social media" (ll. 17/18). What the task calls "identity" is described in the text as a "sense of 'us'" (ll. 19/20), which is created "through the contempt peddled about 'them' on the other side of the political spectrum" (ll. 20/21). The word "peddled" is explained in the annotations, which helps you to reformulate the phrase for your answer.

For task **4**, you need to understand the word "simulacrum" (l. 23), which is a synonym for "imitation" or "pretence", in order to tick "fake" as the correct solution.

For task **5**, you need to refer to lines 25 to 30, because they deal with "the changing nature of work" (l. 25).

For task **6**, lines 37 to 40 provide the relevant passage, as they describe a situation where people "get along despite opposing views".

Task **7** is a bit tricky. Chronologically, the relevant paragraph should start around line 40: At a superficial glance, all the aspects from finding a sports club (cf. "hometown-gym", l. 46), facing one's death (cf. "to own a burial plot […] in Fremont's local cemetery, ll. 44/45) to returning home (cf. ll. 40–42) seem to be mentioned. However, a clear-cut recipe is only the “précis of Mr. Sasse's recommendations” (l. 45), which explicitly advise people to “put down roots” (l. 47). This can be interpreted as Mr. Sasse implying that people should “settle down for good”.

For task **8**, it is important once more not to be distracted by the references to “moving state” in lines 53 and 54 and “leaving Seattle” in lines 51 and 52. The central problem, however, is that finding a place that could be called home is difficult for the author (cf. ll. 48–50, 56/57).

Doubtlessly, being protected, accepted and loved are all requirements for feeling at home somewhere. However, for the correct answer, you have to find explicit evidence in the text. Therefore, the right answer in task **9** is “committed”. As the text puts it, feeling at home comes from trying to be a good neighbour (cf. ll. 63/64), in other words, making an effort and being committed. Furthermore, “being committed” can also be regarded as a synonym of “intentionally invest[ing] in the places where we actually live” (l. 60).

1 According to the U.C.L.A. Loneliness Scale, young people today **are lonelier** than **older ones/the generation before them/young people in the past.**

2 In his book, Mr. Sasse proposes that …

☑ loneliness leads to self-destruction..

☑ isolation leads to fury.

❶ quote for 1st correct statement:

lines 9/10 (8–10): “(Mr. Sasse argues …) ‘loneliness is killing … deaths in America.”

❷ quote for 2nd correct statement:

lines 14–16: “he presciently described … to angry politics.”

3 In modern society, people develop a feeling of identity by **rejecting other views/ identifying with polarised/extreme political positions.**

4 The author characterizes the sense of belonging propagated by certain commercial platforms as being …

☑ fake.

lines 22–24: “The ‘outrage industrial … in real life.”

5 In the world of work nowadays, a sense of belonging **is difficult to achieve** because **people frequently have to change jobs/there is little/no continuity.**

6 Mr. Sasse's experiences in Fremont prove that people can get along despite opposing views. He cites the example of **high school sports events on a Friday night.**

7 Mr. Sasse's recipe for finding a sense of belonging is to …

☑ settle down for good.

line 47 (lines 45–47): "**(A précis of …)** **put down roots** (**… fertilize the soil.**)"

8 Looking at his own situation, the author wonders whether …

☑ finding a place he could call home is possible.

lines 48–50: "I asked myself … came to mind."

or **lines 56/57: "Is a thick … cosmopolitans like us?"**

9 In conclusion, Mr. Sasse says that home is where you feel …

☑ committed.

line 60: "the trick is … we actually live'."

or **lines 63/64: "It is about … calling my home."**

Teil II: Analysis

1 **TIPP**

The task is twofold: first, you must explain the key phrases in the quote and in a second step examine whether the quote can be applied to Walt.

For the explanation of the quote, it is important to mention the two different levels on which change might be brought about. On the one hand, there is the individual level ("each of us can be happier"), on the other, there is the level of society as a whole ("America will start to heal"). For this latter national aspect, it makes sense to refer to some of the worrying divisions (i. e. political, social, ethnic, etc.) in the US that are also alluded to in Brooks' text (cf. ll. 10–19). You might want to use "happiness" in the specifically American meaning of a national sense of fulfilment and togetherness as promised in the Declaration of Independence. The quote implies that in order to reach this aim, everybody needs to contribute their share. This is how the individual and the national aspect are brought together.

The examination of the film in the second step needs to refer to these two levels as well. For the level of society, parallels between text and film can be found in the way Walt's neighbourhood is described, because it is also characterised by deep divisions and ultimately profits from Walt's friendship with Thao. On the individual level, you should illustrate with convincing examples how Walt's development and the way he becomes a kind neighbour has a healing effect on himself as well as on his next-door neighbours. Thus, the film connects the individual and the community aspect, too.

Make sure you give your text a clear structure and a convincing conclusion.

You could include the following points in your answer:

Part I: explanation of quote with regard to article

- problems of American society: individual loneliness exacerbates divisive society
- solution according to Brooks: individual commitment which will also influence society positively

Part II: relevance of quote to *Gran Torino*

- at the beginning: portrayal of a torn and divisive Detroit neighbourhood
  - Walt's loneliness and aggression
  - gang violence and lack of perspective for Hmong teenager Thao
- friendship between Walt and Thao healing on both individual and societal level
  - Walt's loneliness and guilt overcome
  - Thao's personal development: from shyness to self-confidence
  - community both outwardly renovated and freed from gang violence

Conclusion: quote perfectly applicable to *Gran Torino*

Part I: explanation of quote with regard to article
problems of American society

In his article, "How Loneliness is Tearing America Apart", published in *The New York Times* in November 2018, Arthur C. Brooks describes a two-fold problem of American society. He explains how individual loneliness arises because people do not have a steady community in which they find stable relationships. As a consequence, this loneliness drives people into fake communities that provide a sense of belonging by spreading contempt about supposedly hostile groups. In this climate of hostility as well as in an unstable work environment, it becomes more and more difficult to find a real community where people experience a sense of belonging.

solution according to Brooks: individual commitment which will also influence society positively

Brooks ends his article by giving a piece of advice how to break out of this vicious circle: "Each of us can be happier, and America will start to heal, when we become the kind neighbors and generous friends we wish we had." (ll. 66–68) In his view, it is in everyone's hands to overcome our own loneliness by treating others the way we want to be treated and thus establishing genuine togetherness. For Brooks, this will not only have a positive effect on the individual level but will also influence society as whole in a positive way: "America will start to heal" (l. 67). The political, social and ethnic divisions that aggrieve American society can be overcome if everybody starts caring for the people around them. This is in line with the Declaration of Independence, which regards personal fulfilment or the pursuit of happiness as one of the pillars of a well-functioning society.

Clint Eastwood's film *Gran Torino* depicts a neighbourhood in a Detroit suburb characterised by mutual suspicion and mistrust. In other words, it portrays exactly the torn and divisive society that Brooks analyses in his article.

Part II: relevance to *Gran Torino*
portrayal of divisive Detroit neighbourhood

Walt, one of the protagonists, lives in a house surrounded by mainly Hmong immigrants, whom he deeply despises. As he is also contemptuous of his own family, he lives a secluded life after his wife's death. His memories and suppressed guilt as a war veteran further alienate him from meaningful relationships and make him retreat behind a protective armour of violence and exaggerated manliness.

Walt's loneliness and aggression

The Hmong community around him is marked by intergenerational conflicts and gang violence. Thao is a perfect embodiment of these corrosive influences: He is insecure, lacks self-confidence and has difficulties in finding his place in society. He is therefore on the brink of being drawn into a gang.

gang violence and lack of perspective for Hmong teenager Thao

By following Walt's development from an angry man, who threatens unwelcome visitors with his gun, to a kind, supportive neighbour, the film may also be said to illustrate Brook's idea how these divisions can be overcome.

friendship between Walt and Thao healing on both individual and societal level

When he accepts Thao's working for him as an atonement for his attempt to steal his car, Walt gets to know his neighbours, gradually discards his prejudices and begins to appreciate their hospitality. He defends Sue, Thao's sister, against three aggressive African American boys who threaten her on the street, he makes Thao repair not only things on his own property but also in the wider neighbourhood, and he tries to defend Thao's family against the violence of the teenage gang who want to recruit the boy. But it is not only the people he assists who profit, but also Walt himself: He can finally make peace with his past and find meaningful relationships.

Walt's loneliness and guilt overcome

The most important of these is that he becomes a father figure for Thao. He mentors him, teaching him not only how to work with his hands but also how to talk and behave, which finally gets Thao a job in construction. Thao's self-confidence grows because Walt believes in him, and he finally finds his fulfilment of the American Dream when he inherits Walt's Gran Torino – a symbol of the American way of life with all its promises of personal wealth and manliness.

Thao's personal development: from shyness to self-confidence

On the societal level, the whole run-down neighbourhood undergoes a change for the better through the unusual friendship: an outward sign for this is the renovation of several houses Thao effects under Walt's instructions. More important, however, is the fact that the vicious circle of gang violence dominating the neighbourhood is finally broken: even though Walt's support for his neighbours at first leads to an escalation of violence – Spider's gang rapes Sue and

community both outwardly renovated and freed from gang violence threatens to kill Thao –, Walt finally manages to protect the teenagers from further harm by sacrificing himself. He thus allows the family members to heal and helps to establish a more peaceful neighbourhood by making sure that the gang members are arrested.

Conclusion

In conclusion, it can be said that by becoming more active in his run-down neighbourhood, by overcoming his hostility against his neighbours and turning them into friends, Walt masters his loneliness and finds personal fulfilment. Furthermore, in the microcosm of his Detroit neighbourhood, Walt's behaviour helps to make America a better, happier place. *(806 words)*

Teil II: Composition

2a **TIPP**

The task confines your assessment to the "wings" aspect of the saying – the "roots" should therefore at the most be mentioned and interpreted in an introduction to your text. In a first step, you have to explain the metaphor of the "wings" in the context of a child's development.

In a second step, you argue whether Larry had a chance to "grow wings" and emancipate himself. You should illustrate your argument with examples from the book that demonstrate in which way Larry was constrained by his family and the community around him and in effect unable to pursue his dreams and develop his potential.

In your conclusion, you can point out – in accordance with the assignment "assess" – that all the factors you mentioned in your examples made it impossible for Larry to develop "wings" in the course of his life. You could end your essay with a slightly more optimistic outlook based on Larry's reconciliation with Silas, which could give him a chance to pursue at least some of the dreams that he might still have.

A possible structure for your composition could be the following:

Introduction: explanation of quote

Main part: Larry's limited potential to develop "wings"
- his family's undermining of his self-esteem and talents
  - mother's overprotectiveness
  - father's condescension
  - lack of belief in his own prowess as a mechanic
- rejection at school as further "evidence of his worthlessness"
- ostracism after Cindy's disappearance → further impossibility to build stable relationships

Assessment: Larry's inborn introversion exacerbated by lack of supportive relationships

Conclusion: more optimistic outlook on future due to renewed friendship with Silas

Introduction: explanation of quote

"There are two lasting gifts we can give a child. The first is roots. The other is wings." To give a child roots and wings might sound paradoxical: how can you fly when you are rooted to the ground? However, in the process of forming a personal identity, you need a secure place, a firm ground to stand on, if you want to spread your wings and start to fly.

Main part: Larry's limited potential to develop "wings"

Larry Ott, one of the two protagonists in *Crooked Letter, Crooked Letter*, is deeply rooted in his hometown from a geographical perspective, but does that also mean that he had a safe place from which to develop the courage and the wings to fly? Did he have the chance to pursue his own dreams? Could he emancipate himself from the restrictions that his family and the small-town American South put on him and develop his potential? Was he allowed to dream and live out his own creativity?

family's bad influence

Larry's parents rather bind him to the ground instead of encouraging him to spread his wings.

mother's overprotectiveness

Even though his mother, who seems to love him unconditionally, tries to provide emotional support, she is also overprotective and does not teach him to be self-confident. In her constant worries for his well-being, which she expresses every night at his bedside when she prays to God to help her unhappy son, she makes him emotionally dependent on her and unable to believe in himself.

father's condescension

Larry's father further contributes to this as he is very critical of his son's perceived weakness. Because Larry is sickly and effeminate and does not live up to Carl Ott's ideals of an athletic and assertive man, his father despises him and constantly undermines his self-esteem with condescending remarks.

lack of belief in his own prowess as a mechanic

Carl also implants the idea in Larry that he is mechanically inept, and often refuses to take his son to the garage with him. Later in his life, while in the army, Larry is successful as a mechanic, and his idea of a moveable pen for his chickens also shows that he can be creative and an ingenious craftsman. However, the feeling of uselessness that his father has fostered in him makes him withdrawn and morose in his youth. The opportunity of developing his skills that he has found while in the army is ultimately thwarted as well because Larry has to move back to his hometown and take over his late father's garage as well as care for his mother.

Larry's negative self-image is reinforced by his experiences at school. As a stuttering, unathletic and bookish boy, he is the obvious victim for bullies. The Black students at school reject him, the White boys despise him, and his only childhood friendship is also short-lived because it is rather one-sided, as Larry is far more dependent on Silas than Silas is on him. When Silas finally turns away from him after a fight provoked by Carl Ott, this again reinforces Larry's feeling of worthlessness and guilt. Larry cannot find anyone to share his interests with and thus lacks the emotional stability to emancipate himself from the rejection that he experiences from the community around him. As no one sees any potential in him, the roots for the wings that he might develop whither before they can grow. He finds consolation in books, but the excitement that he encounters there only draws him further away from the real life of the community.

rejection at school as further "evidence of his worthlessness"

When he becomes the main suspect in a supposed murder case, he is completely ostracised, without any chance to integrate and to become a self-assured citizen of the town he lives in. Instead, the adult Larry lives an isolated life on his parents' farm and works in the garage he has inherited from his father, even though he has no customers. The farm animals are his only real companions. He is rooted in the place he grew up in, but all his attempts to connect with the town community or with his childhood friend are futile.

ostracism after Cindy's disappearance → further impossibility to build stable relationships

So, in his case, his roots are rather chains that bind him to a place where he has never really been given a chance to show his skills and talents. His own tendencies to introversion are reinforced by the behaviour of his family as well as his wider environment and he cannot grow wings even by the time we reach the end of the novel.

Assessment: Larry's inborn introversion exacerbated by lack of supportive relationships

Finally, when Silas clears him of all the charges and reaches out to him, Larry might find the support he needs to reintegrate and develop the potential that is in him. That is probably the true meaning of the roots in the saying: only with the support of people whom you can trust and who believe in you can you "fly out" into the world and dare to fulfil your dreams. *(800 words)*

Conclusion: more optimistic outlook on future due to renewed friendship with Silas

2b **TIPP**

In a comment, you should give your opinion on a certain topic and support your view with reasons and examples, which means that you have to decide what your position on the topic is. In this task here, you are asked to comment on a statement issued by the University of Chicago. Do you agree with the university's rather liberal policy that is expressed in the statement or do you think that it should be the duty of a university to protect students and teachers from attacks by speakers with extreme views?

It may happen that you cannot pass a clear judgement. If so, you should explain why. In any case, it makes sense to also mention arguments that do not support your opinion in order to show that you are aware of them. In the main part of your essay, however, you should build up a coherent argument and come to a convincing conclusion. In this conclusion, you should briefly refer to the original question, summarise your opinion and make your point.

The following structure and arguments have been used for this solution:

Introduction: reformulation of assignment

Main part:

- **possible counterargument:** learning institutions' responsibilities to protect their students from potentially harmful content
- **arguments to agree with University of Chicago's stance:**
  - freedom of speech and pluralism as important pillars of academic discourse
  - university as the perfect platform to rebut extremist arguments

Conclusion: agreement with University of Chicago and strong appeal for freedom of speech

Of course, it is also completely legitimate to be of a differing opinion. Possible arguments that oppose the University of Chicago's stance could be, for example:

- A university has a teaching mission and a certain responsibility towards the students entrusted to it.
- Extremists should not be provided with a platform or even reimbursed to propagate their hate speech.

Introduction: reformulation of assignment

In the US, college students have repeatedly prevented speakers with extreme views from lecturing on campus. The *University of Chicago Committee on Freedom of Expression* reacted to that by issuing a statement that "it is not its role to shield individuals from ideas and opinions they find unwelcome, disagreeable, or even deeply offensive." Is this the appropriate response to the controversies that are increasingly common at many universities and often cause much outrage?

Main Part: possible counterargument: learning institutions' responsibility to protect students from potentially harmful content

In a society that is as deeply divided between the two sides of the political spectrum as the USA, there is obviously a lot of pressure on universities to conform to the rules of political correctness. An institution that oversees the education of young people that are susceptible to manipulative ideas needs to provide a certain amount of protection and guidance. This might especially apply if human and civil rights are at stake because speakers propagate extremist views that are not in accordance with the principles of the Constitution. There might be forms of hate speech or racial slurs that cannot be tolerated in an institution committed to preserving the basic values of a civilised society. If the freedom of an individual or a certain group is under attack by speakers that incite hate or violence, limits have been exceeded.

But does that mean that a university should prevent speakers from uttering their opinions even before they have been given the chance to do so? Freedom of speech is laid down in the first amendment to the American Constitution. Why should an institution like a university infringe on this basic human right? Universities have always been autonomous spaces, and it is very important that they remain free of partisan influence from whichever side of the political or ideological spectrum. They need as much intellectual freedom as possible to enable complex forms of academic discourse. The real strength of a scientifically orientated and intellectually stimulating institution lies in its pluralism. So, a university should not allow anyone, least of all political extremists, to make them shrink from that ultimate value. Instead, it should rather give a positive example of true open-mindedness.

arguments to agree with University of Chicago's stance: freedom of speech and pluralism as important pillars of academic discourse

Furthermore, just because extreme views are forbidden, they do not simply vanish. Where, if not at a university, should they be discussed? If extreme or offensive views are promoted, where else should they find their rebuttal? It is the role of universities to serve as platforms for controversial discussions. Only in this way can unconstitutional or racist views be identified as such. It would be an unbearably paternalistic move of a college to prevent its teachers and students from confronting such positions. A university is the natural habitat of gifted young people and independent thinkers who do not need such a form of intellectual guidance. Teachers and students alike should be given the chance to learn to analyse and criticise the ideology and the rhetorical strategy of those who oppose the principles of the Constitution. If you simply ban these views in an authoritarian way, they will pop up at other places in society where people may be not as well-equipped to deal with them as they are at a university.

university as the perfect platform to rebut extremist arguments

In conclusion, I endorse the statement issued by the University of Chicago and the policy that stands behind it. Even though I fully comprehend some of the outrage or even disgust at the ideological imbecility and angry politics sometimes uttered, I still think that such positions must be confronted in an open discussion. You can only do that if you also allow controversial opinions to be expressed openly. The strongest argument against bias and discrimination is this: only populist speakers with limited arguments need to bolster themselves by degrading or even silencing their opposition. Let our universities prove stronger than that! *(625 words)*

Conclusion: agreement with University of Chicago and strong appeal for freedom of speech

Baden-Württemberg ▪ Leistungsfach Englisch
Schriftliche Abiturprüfung 2021

TEIL I: LISTENING COMPREHENSION

You will hear each recording twice. After each listening, you will have time to complete your answers.

Task 1: Film reviews (6)

You will hear excerpts from six film reviews.
Match each review (1 to 6) with one of the descriptions (A to G). For each review there is only one correct description. There is one more description than you need.
You now have 45 seconds to read the assignment.

	Description
A	Encounters between rich and poor
B	The abuse of power and its cover-up
C	A biography shaped by illegal activities
D	A comparison of stereotypical lifestyles
E	A movie star's long history of drug-addiction
F	The rise and fall of a politician in a corrupt world
G	A sports contest as a metaphor for the film industry

Film review	1	2	3	4	5	6
Description						

Task 2: The History of Jim Crow and Blackface (10)

You will hear a podcast about the history of Jim Crow and its connection to the current debate about blackface. While listening, answer the questions below.
You need not write complete sentences.
You now have one minute to read the assignment.

1 According to the speaker, what did the Jim Crow laws embody?	• **hate** •
2 What has recently led to a new public discussion about Jim Crow?	
3 What was the purpose of the Jim Crow impersonations in the past?	
4 What was typical of the Jim Crow stage performance? *(Name two aspects.)*	• •
5 Where did Thomas D. Rice get his inspiration for the Jim Crow character from?	
6 What was the consequence of Rice's performance?	
7 According to Daryl Davies, what does the perception of blackface depend on?	
8 Which positive example of the use of blackface does Daryl Davies mention?	
9 Which incident led to TV host Megyn Kelly losing her job?	

Annotations
buffoon: someone who does silly and amusing things
vernacular: form of language spoken by a particular group of people

Task 3: *The Mindful Chef* (8)

You will hear an interview about the rise of the online service *The Mindful Chef*. While listening, tick (✓) the correct answer (a, b, c or d). There is only one correct answer.
You now have two minutes to read the assignment.

1 *The Mindful Chef* is an online recipe box delivery service that has …
- **a** ☐ moved to London recently.
- **b** ☐ been operating since 2001.
- **c** ☐ received a prestigious prize.
- **d** ☐ run counter to recent trends.

2 When the partners started their business, they …
- **a** ☐ were desperate for money.
- **b** ☐ were disillusioned with their jobs.
- **c** ☐ had been toying with the idea for a while.
- **d** ☐ had been persuaded by business friends.

3 According to Giles Humphries, this new start would allow them to …
- **a** ☐ grow closer to their friends.
- **b** ☐ make the most of their skills.
- **c** ☐ feel more satisfied in their job.
- **d** ☐ use their working time more flexibly.

4 Looking back, Humphries says that coming home late from work they …
- **a** ☐ had no idea what to eat.
- **b** ☐ did not feel stressed at all.
- **c** ☐ were too exhausted to go shopping.
- **d** ☐ were unable to go to their gym classes.

5 In the summer of 2014, Humphries observed Devon fishermen …
- **a** ☐ preparing traditional sea food.
- **b** ☐ offering their catch door to door.
- **c** ☐ changing the natural food chain.
- **d** ☐ using modern media to sell their fish.

6 At the beginning of their business, Humphries and his co-founders …

a ☐ did the packing themselves.
b ☐ used cargo bikes to avoid traffic jams.
c ☐ built storage facilities for their ingredients.
d ☐ suffered from constantly working night shifts

7 In their marketing strategy, they relied on …

a ☐ UK-wide advertising.
b ☐ pictures shown on social media.
c ☐ flyers distributed during deliveries.
d ☐ cooperation with local newspapers.

8 Success came after Humphries and his co-founders …

a ☐ automated the packaging.
b ☐ employed a public relations team.
c ☐ hit the half-a-million pounds mark.
d ☐ tackled initial problems successfully.

TEIL II & III: READING COMPREHENSION & TEXT PRODUCTION

Text **Us vs Them: the Sinister Techniques of "Othering" – and How to Avoid Them**

We are in the midst of a rapidly changing world. More than 300 million people are currently living outside their homelands. Ethno-nationalism is on the rise – from the Rohingya people forced out of Myanmar in what many are calling the world's latest genocide, to neo-Nazis marching through the streets of Charlottesville, Virginia, in an action President Trump pointedly refused to condemn.

Humans can only process a limited amount of change in a short period of time without experiencing anxiety. It's a natural human reaction – but how we respond to that anxiety is social. When societies experience big and rapid change, a frequent response is for people to narrowly define who qualifies as a full member of society – a process I call "Othering". An alternative response is seeing the change in demographics as positive, and regarding the apparent other as enhancing our life and who we are. This is what I refer to as "belonging and bridging". Othering is not about liking or disliking someone. It is based on the conscious or unconscious assumption that a certain identified group poses a threat to the favoured group. It is largely driven by politicians and the media, as opposed to personal contact. Overwhelmingly, people don't "know" those that they are Othering.

So while today's global anxiety has been precipitated by globalisation, technology and a changing economy, demographics play a crucial role in the process of Othering. The attributes of who gets defined as Other differ from place to place, and can be based upon race, religion, nationality or language. It is not these attributes themselves that are the problem, of course, but how they are made salient, and how they are manipulated. I am therefore particularly concerned with how Othering shows up in today's power structures: how it is used to divide and dehumanise groups, and capture and reshape government and institutions. For society's leaders and culture play an oversized role in helping us make sense of change – and so greatly affect our responses to anxiety.

In the United States, politicians used to engage in what scholar Ian Haney-Lopez calls "dog whistles" – they could make references to Others but only in a coded way; never saying "those Mexicans" or "those Muslims", for example. President Trump, however, has opened a space where people are emboldened to be more explicit. We now have not only our nation's leadership but many of our information networks amplifying these explicit calls to exclude and dehumanise. The rhetoric and language coming from Trump has begun to both define and normalise Othering. This is a threat to all the things we value. When Mexicans can be called "rapists and drug dealers" in direct contradiction to the facts, it becomes a much easier step to call for their deportation, and for a literal wall to divide us. The language being used by many national leaders not only activates people's anxiety and fear around a perceived Other, it creates new processes of exclusion and dehumanisation.

While it is common to focus only on economic changes to explain the rise of right-wing nationalists and Othering, the loss of economic power is not the only thing stirring anxiety around the globe. […] Conservative elites know how to strategically create and use fear of a perceived Other, by organising and manufacturing fear. When Nixon began using the term "law and order", his popularity was cemented among a certain base because he was appealing to a specific kind of conservative white fear: not primarily about jobs, but rather the changing social order. This was not precipitated by a specific economic downturn, yet the outcome of Nixon's strategy was the securing of an economy rigged for the rich. People don't just figure out on their own that collectively they need to be afraid of another group. Leadership plays a critical role. Often people who have been living with one another for years are made to feel suddenly that those differences have become threatening.

The recent rhetoric around people who are undocumented in the US, many of whom have lived here for their whole lives, has created a culture of fear for millions, has demonised children, and has created suspicion and anger in communities where none had existed before. […] The stories we tell, and live, are not about facts but our values, fears and hopes – all of which, to a certain degree, are malleable. Our narratives don't just reflect them, they also shape them. While anxiety about change is natural, Othering is not. Othering is socially and culturally constructed.

So how do we respond to our collective anxiety today? Either we "bridge", reaching across to other groups and towards our inherent, shared humanity and connection, while recognising that we have differences; or we "break", pulling away from other groups and making it easier to tell and believe false stories of "us vs them", then supporting practices that dehumanise the "them". Part of the solution to Othering must come from the stories we tell. As the world undergoes profound shifts, how do we build true societies of belonging? […] If we are to combat the rising tide of extremism across the globe, we must actively create bridges across difference, and resist strategic exploitation of our collective anxiety. For when we bridge, we not only open up to others, we also open up to change in ourselves – and actively participate in co-creating a society to which we can all belong. The opposite of Othering is not "saming", it is belonging. And belonging does not insist that we are all the same. It means we recognise and celebrate our differences, in a society where "we the people" includes all the people.

938 words

Powell, John A., "Us vs Them: the Sinister Techniques of 'Othering' – and How to Avoid Them", theguardian.com, November 8, 2017, accessed on July 17, 2020, slightly adapted,

Annotations

line 43: Nixon: Richard Nixon, Republican president (1969–1974)
line 59: humanity: (here) the state of being human rather than an animal or a machine

Instructions:

- Tick the correct answer/statement or statements as indicated.
- Provide a quotation from the text to support each correct answer: the line number(s) plus the first three and the last three words of the quotation.
- If the quotation is six words or shorter, write it down in full.

0 Example (0)

	true	false
Discrimination against certain groups takes on different shapes.	✓	☐

line(s) 2–4 : "Ethno-nationalism is on ... streets of Charlottesville"

1 Tick the correct answer. (1)

	true	false
Whether people feel uneasy about social changes depends on their cultural preconceptions.	☐	☐

line(s) ______ : ______________________________

2 Tick the *two* correct statements. (2)

Common reactions to a transformation within society are to …

- ☐ exclude certain people.
- ☐ limit the influx of immigrants.
- ☐ grant newcomers citizenship.
- ☐ strive for mixed neighborhoods.
- ☐ accept the benefit of such a development.

❶ quotation for the 1st correct statement:

line(s) ______ : ______________________________

❷ quotation for the 2nd correct statement:

line(s) ______ : ______________________________

3 Tick the correct statement. (1)

Othering takes place when people …

- ☐ speak badly about strangers.
- ☐ fail to inform themselves through the press.
- ☐ think they might lose their privileged position.
- ☐ are confronted with newcomers in their neighborhoods.

line(s) ______ : ____

____

4 Tick the correct answer. (1)

	true	false
Categorizations are the reason why discrimination takes place.	☐	☐

line(s) ______ : ____

5 Tick the correct statement. (1)

Othering is a strategy for decision-makers to …

- ☐ stabilize the political system.
- ☐ attract a specific group in society.
- ☐ exert their influence on the public.
- ☐ distance themselves from their political rivals.

line(s) ______ : ____

____

6 Tick the correct statement. (1)

In the past, politicians were less …

- ☐ aware of the power of the media.
- ☐ openly abusive towards minorities.
- ☐ racist towards non-Americans in society.
- ☐ successful in shaping people's opinions.

line(s) ______ : ____

____

7 Tick the correct statement. (1)

President Nixon's initial course of action was to …

- ☐ call on whites to follow his policies.
- ☐ support people facing unemployment.
- ☐ boost the economy for the benefit of all Americans.
- ☐ address white anxiety concerning the makeup of society.

line(s) ______ : ____

____

8 Tick the correct statement. (1)

The recent public use of language has led to …

- [ ] the defense of vilified children.
- [ ] the resurgence of old tensions within society.
- [ ] animosity between ethnic minorities and the rest of society.
- [ ] communities moving closer together due to a common fear.

line(s) ______: ____

____

9 Tick the correct statement. (1)

Reaching out to others leads to …

- [ ] shared values for everyone.
- [ ] individual and collective change.
- [ ] alliances against fundamentalism.
- [ ] people being less prone to exploitation.

line(s) ______: ____

____

Teil III: Analysis

Content 10 VP / Language 15 VP

1 "… we 'bridge', reaching across to other groups and towards our inherent, shared humanity and connection, while recognising that we have differences;" (ll. 58–60)

Briefly explain the quote in the context of the article and analyse what enables Sue to "bridge" as well as how she "bridges" in *Gran Torino*.

Teil III: Composition

Content 10 VP / Language 15 VP

Choose *one* of the following:

2a In *Crooked Letter, Crooked Letter,* Silas experiences different kinds of loss. Assess his ways of dealing with them.

or

2b "The greatest nations are defined by how they treat their weakest inhabitants."

(2010) © Jorge Ramos, Mexican-American journalist

Explain Ramos's statement and discuss whether, according to his definition, the US is a great nation in the 21st century.

Lösungsvorschlag

TEIL I: LISTENING COMPREHENSION

Transcript 1 Film reviews

1 It's about, you know, Frank Sheeran, the, the main character who is a real man and him looking back at his life of crime. And it says so much, I think, about the futility of crime, and just what happens when you are sort of the middleman doing everyone's dirty work, and there is no one left to look after you at the end, and your family has turned on you and, you know, you have just countless numbers of people's blood on your hands.

2 I know it can also seem a little obvious in some ways. I felt it was beautiful to see it kind of worked through in this meta way in this film, which, why using the racing world as its, as its subject, this really is, it seems to me, about the kind of very, very, working of the movie business now, especially when you deal with big studios.

3 This is a movie that is made in South Korea, and has had a level of impact that Korean films typically do not in the United States and in other countries. And this is a movie that puts the haves and have-nots front and center, but in ways that are really subversive and that are not banal or kind of expected. I mean this is a really surprising movie. I think it's the best of a number of movies that have taken on class this year.

4 I felt this movie had the most fun with it and did a lot with it. Because that's one of the central questions as one character wants to move to L.A. and the other has wanted to stay in New York. And so there is theater and there's TV and it's, you know, people put on sunglasses as soon as they are in L.A. and then the Brooklyn people all have, like, lattes. And this is an interesting way that it plays with that.

5 But it's the rigorous understatement of the assistant that makes it so powerful in its vision of how easily the Harvey Weinsteins of the world could exploit their absolute authority for years with little fear of consequence. Moment by moment, it pulls us into a world where predatory behavior is concealed behind closed doors and the silence of a hushed workplace becomes its own kind of complicity.

6 *Judy* begins with one of several flashbacks to the teenage Garland on the set of *The Wizard of Oz* showing us how the industry created and destroyed her in the same breath. Her body and image are ruthlessly controlled by the powerful MGM studio head Louis B. Mayer, who puts her on a strict diet and gives her barbiturates and amphetamines, setting in motion the substance abuse problem that she will struggle with for the rest of her life.

TIPP

In this task you will hear short fragments or snippets of film reviews. These fragments have to be matched with the respective descriptions. In order to match the fragments and definitions correctly, it is essential for you to find signal words and know their synonyms. That is why you should learn word families or lexical fields with umbrella terms. This will enable you to find the necessary information fast.

- **1 – C:** There are some signal words in the description (**C**) which show you that the film is a biography and that it is about illegal activities: in the film review the name of the protagonist is mentioned (which may suggest a biographical film), but expressions like "life of crime" (l. 2), "futility of crime" (ll. 2/3), "dirty work" (l. 4) and "people's blood on your hands" (ll. 5/6) also indicate that the film is about illegal activities. That is why **E** and **F** cannot match as the definition is about more than corruption or drug abuse.
- **2 – G:** In the audio, "racing world" (ll. 8/9) and "big studios" (l. 10) are mentioned, which belong to the same word families as the terms "sports contest" and "film industry" in description **G**.
- **3 – A:** The synonyms here are "rich and poor" (in description **A**) and "haves and have-nots" in the audio fragment (l. 13).
- **4 – D:** Here you need to notice that the audio snippet is built as a comparison (see description **D**): the speaker talks about "one character […] and the other", "theater and […] TV", "people […] in L.A., and then the Brooklyn people" (ll. 17–19). There are also "stereotypical lifestyles" (**D**) mentioned: "people put on sunglasses […] in L.A." and "Brooklyn people all have, like, lattes" (ll. 18–20).
- **5 – B:** General knowledge can be of help here: the audio names Harvey Weinstein, who exploited his position as a movie producer and was charged with sexual abuse, and the definition also mentions an "abuse of power" (**B**). There are also synonyms for "abuse of power" and "its cover-up" in the audio: "exploit their absolute authority" (ll. 22/23) and "predatory behavior [which] is concealed behind closed doors" (l. 24), as well as "silence" (l. 24) and "complicity" (l. 25). Note that "cover-up" is different from "corruption", which is why **F** is not an option here.
- **6 – E:** General knowledge can help you here too: the audio mentions the actress Judy Garland, who played Dorothy in the movie *The Wizard of Oz.* This points to definition **E**, which refers to a "movie star". The term "drug-addiction" in the definition corresponds to the mentioning of "barbiturates and amphetamines" (ll. 29/30) in the audio as well as to a "substance abuse problem" (l. 30).

Film review	1	2	3	4	5	6
Description	C	G	A	D	B	E

Transcript 2 The History of Jim Crow and Blackface

Jim Crow, you've no doubt heard this name before. It's a name that has stood for hate and for the laws, the Jim Crow laws, that made racial segregation in the South legal until the Civil Rights Movement in the 1960s. Now that ugly name has re-emerged in the American vernacular thanks to the recent political scandals unfolding in Virginia, where both the governor and attorney general have admitted to wearing blackface in their past. "I took responsibility for content that appeared on my page in the Eastern Virginia Medical School yearbook. That was clearly racist and offensive."

So, what's the connection between Jim Crow and blackface? Well, back in the 1830s Jim Crow wasn't yet a symbol of inequality. He was a fictional character in minstrel shows who, to entertain his audiences, danced like a buffoon and spoke with an exaggerated imitation of Black slave vernacular. Intended to be comedic, minstrel shows were first performed in New York with White actors who wore tattered clothing and used shoe polish to blacken their faces, according to the Smithsonian's National Museum of African American History and Culture. While society now considers donning blackface as clearly racist, according to historians, the practice, especially on stage, was celebrated by Whites in the South following the Civil War.

Who was behind Jim Crow? A man, a White man, named Thomas Dartmouth Rice. Rice was born in 1808 in New York. As a teenager he began travelling the country as an actor. According to a University of South Florida history of minstrel shows, Rice was a dancer and a singer who drew from his observations of Blacks in the South to create an extremely exaggerated and stereotypical Black buffoon. While he wasn't the first White comic to perform in blackface, Rice was the most popular of his time and as a result the character of Jim Crow spread, becoming a common stage persona. The big lips, the lack of education, the poor clothing, that's how Daryl Davies, a Black blues musician who has studied these shows, described these minstrel characters in an interview.

It wasn't about trying to look Black, he said, but trying to look Black in a way that portrays Blacks negatively. Davies has long argued that context is key when judging the use of blackface; in the 1900s, for example, White artists such as Al Jolson painted their faces as they performed ragtime and blues music pioneered by African Americans. Davies credits Jolson with spreading Black music to white audiences and advocating for Black artists.

In the internet age, social media has fueled furors over blackface. "You get in trouble if you are a White person who puts on blackface for Halloween or a Black person who puts on whiteface for Halloween, like … when I was a kid, that was okay as long as you were dressing up as a character."

Last year, talk show host Megyn Kelly defended blackface on the air. Though Kelly was already struggling with poor ratings, the episode and the resulting fury led to her ouster.

"Breaking news about another high-ranking state-wide official who finds himself embroiled in a blackface photo controversy." Now here the country is again, talking about blackface, about minstrel shows, about Jim Crow.

based on: https://www.washingtonpost.com/history/2019/02/02/northams-ugly-yearbook-photo-racist-origins-blackface/

TIPP

The text is spoken very fast, so knowledge of American history and society is useful for you to be able to find the solutions. Before listening, also highlight signal words which may give you a hint as to where you can find the answers to the questions. These signal words are marked in bold below – in the tips the words and phrases they refer to are underlined.

1 "Jim Crow […] stood for hate […] the Jim Crow laws, that made racial segregation in the South legal" (ll. 1/2); "symbol of inequality" (l. 9)
2 The signal words "[n]ow", "re-emerged" and "recent" can guide you here: "Now that ugly name has re-emerged […] thanks to the recent political scandals […] where both the governor and attorney general have admitted to wearing blackface in their past" (ll. 3–6).
3 Here the signal word for "impersonations" can be "fictional character" (l. 9): "He was a fictional character […] who, to entertain his audiences, […]" (ll. 9/10).
4 There are several aspects you can mention: "He […] danced like a buffoon and spoke with an exaggerated imitation of Black slave vernacular. […] White actors […] wore tattered clothing and used shoe polish to blacken their faces" (ll. 9–13).
5 "who drew from his observations of Blacks in the South to create an extremely exaggerated and stereotypical Black buffoon" (ll. 20/21)
6 "as a result the character of Jim Crow spread, becoming a common stage persona" (ll. 22/23)
7 "Davies has long argued that context is key when judging the use of blackface" (ll. 27/28)
8 "White artists such as Al Jolson painted their faces as they performed ragtime and blues music pioneered by African Americans. Davies credits Jolson with spreading Black music to white audiences and advocating for Black artists." (ll. 28–31)
9 "talk show host Megyn Kelly defended blackface on the air" (l. 36)

1 According to the speaker, what did the **Jim Crow laws embody**?	• **hate** • (legal racial) segregation/(symbol of) racial inequality
2 What has **recently** led to a **new** public discussion about Jim Crow?	two high-ranking politicians admitted to wearing blackface in the past/scandal in Virginia about White politicians having worn blackface
3 What was the purpose of the Jim Crow **impersonations** in the past?	to ridicule/to denigrate Black[1] people for entertainment/entertain the audience/a White audience

1 The words "Black" and "White" are capitalised to signal that they are not natural categories but social ones (for more background information on this topic see, for example https://www.theatlantic.com/ideas/archive/2020/06/time-to-capitalize-blackand-white/613159/).

4	What was **typical** of the Jim Crow stage performance? *(Name two aspects.)*	*zwei aus:* • danced like a buffoon • spoke with an exaggerated Black accent • wore tattered clothes • White people used black shoe polish to appear Black
5	Where did Thomas D. Rice get his **inspiration** for the Jim Crow character from?	from his observations of Black people (in the South)
6	What was the **consequence** of Rice's performance?	popularised the Jim Crow character/made Jim Crow a common stage persona
7	According to Daryl Davies, what does the **perception** of blackface depend on?	on the context/on the time/on the person's intention for wearing blackface
8	Which **positive example** of the use of blackface does Daryl Davies mention?	(White artists tried) to advocate Black musicians and their music
9	Which incident led to TV host **Megyn Kelly** losing her job?	she defended the use of blackface

Transcript 3 *The Mindful Chef*

Host: If you're self-employed, you're in good company. The number of people in self-employment has been rising steadily since 2001. Natalie Donovan visited *The Mindful Chef*. It's an online recipe box delivery service and it's almost five years old and it's just been named "London & South East Start-up of the Year" in the Great British Entrepreneur Awards. Co-founder Giles Humphries, now at the ripe old age of 33, told Natalie how it's been.

Humphries: Here's myself and two friends and we were working in different industries, we always had ideas and throwing ideas round to each other, but basically, I think we all enjoyed our jobs, but we realised that you can, a lot easier than before, start your own business. Actually, the biggest thought was "What's the worst that could happen?"

Donovan: Did you feel like your, the jobs that you were doing, weren't going in the direction that you wanted to go, and that was why you decided to set back, or was it more that you had a passion about cooking and recipe boxes?

Humphries: I think it was twofold really. One, we'd always had a bit of a passion to start something ourselves and we'd chat about a load of ideas over the years. And two, just looking at other friends, who had taken the plunge, taken their skills they'd honed over a few years in bigger businesses and using them to grow and develop their own businesses and I thought, hm, that's interesting cause you've got a lot more control over your lifestyle and your working hours. So, that's kind of what formed the initial ideas. And then we've, we've all got a real interest in health and wellness, all of us are sportsmen and we all, actually it was kind of a personal pain point, was coming home late, working long hours in a big company and then getting home and just being a bit too tired to think or plan and shop for the right stuff, even though we knew what we should eat.

Donovan: And how lang did it take you to come from the idea to actually quitting your job and setting up on your own?

Humphries: Probably about six months. We moved pretty quickly. It was in the summer of 2014, we were on a fishing boat, just helping out a friend actually, it was in the summer holidays, we had a week back down in Devon – we all grew up in Devon together. We saw the fish they were landing, and they were bringing it back in and they'd text the local villagers and they said, "We've got, you know, codling etc." and the villagers'd come down and get this fresh fish. And we, the three of us, were just chatting and said: "This is amazing, this is how the food chain should be". So this, that was one kind of lightbulb moment. And then the discussions developed from there and it was, I quit my job pretty quickly, I was the first to go and it was December 2014.

Donovan: The business is UK-wide now. Did you know that when you started that that's what you were aiming for or did you start small?

Humphries: Best piece of advice I always say is "always start small". We had a hunch that maybe *Citygoers* would be keen on the product, but we purely did that because we were driving our own little Del Boy trotter van round …

Donovan: So, you were delivering the boxes …

Humphries: So we were delivering, yeah, we were going to the warehouse at 7 a.m., pack them till about 5 p.m. and then deliver. We'd be stuck in traffic coming back through London, Myles would be on the Instagram …

Donovan: … hoping you were getting a good review and a like.

Humphries: Yeah, yeah, yeah, going on review sites, seeing if we got any reviews, posting pictures. We started small but then we really quickly realised, once you've nailed that, you got it right, you've ironed out problems – and there were plenty of them – then you can grow slightly bigger, and when we got to that level, you know, we're now doing about, just shy of half a million ingredients through our warehouse every week, but at the same time you have targets to hit and you are, you're trying to grow this business focusing on reaching quite large numbers of customers now, so, you definitely have more of a life, you know, we're not doing the packing every weekend, there's a huge team who do a phenomenal job, but the challenge is in different areas.

http://www.bbc.co.uk/sounds/play/p07xl6h5

TIPP

1 "it's just been named 'London & South East Start-up of the Year' in the Great British Entrepreneur Awards" (ll. 4/5)
The name of the prize and also the word "Awards" give you hints here.

2 "we always had ideas and throwing ideas round to each other" (l. 8)
"[T]hrowing ideas round to each other" is like "playing with ideas" and leads you to "toying with the idea" (**c**). Even if you do not know those expressions, you can find the similarity here.

3 "more control over your lifestyle and your working hours" (l. 20)
Don't get confused by buzzwords such as "more satisfied in their job" (**c**) but listen closely to what the new job would enable them to do.

4 "kind of a personal pain point, was coming home late, working long hours in a big company and then getting home and just being a bit too tired to think or plan and shop for the right stuff, even though we knew what we should eat" (ll. 22–25)
"Coming home late" is also mentioned in the audio, which gives you a hint that you should now listen closely.

5 "fish […] they were bringing it back in and they'd text the local villagers" (ll. 31/32)
The signal word "fish" should make you listen closely here; the expression "text the local villagers" indicates that the fishermen use modern media.

6 "we were going to the warehouse at 7 a.m., pack them till about 5 p.m. and then deliver" (ll. 44/45)
Listen closely – the word "pack" will give you a hint regarding the correct solution. Don't be distracted by buzzwords such as "traffic".

7 "going on review sites, seeing if we got any reviews, posting pictures" (ll. 48/49)
The phrase "posting pictures" indicates the correct solution. The mentioning of "Instagram" (l. 46) and getting reviews and likes (cf. l. 47) also points towards social media rather than other forms of advertising.

8 "We started small but then we really quickly realised, once you've nailed that, you got it right, you've ironed out problems – and there were plenty of them – then you can grow slightly bigger" (ll. 49–51)
The repetition of phrases that are used in the context of "tackling something" should be of help here.

1 *The Mindful Chef* is an online recipe box delivery service that has …
c ☑ received a prestigious prize.

2 When the partners started their business, they …
c ☑ had been toying with the idea for a while.

3 According to Giles Humphries, this new start would allow them to …
d ☑ use their working time more flexibly.

4 Looking back, Humphries says that coming home late from work they …
  c ☑ were too exhausted to go shopping.

5 In the summer of 2014, Humphries observed Devon fishermen …
  d ☑ using modern media to sell their fish.

6 At the beginning of their business, Humphries and his co-founders …
  a ☑ did the packing themselves.

7 In their marketing strategy, they relied on …
  b ☑ pictures shown on social media.

8 Success came after Humphries and his co-founders …
  d ☑ tackled initial problems successfully.

TEIL II & III: READING COMPREHENSION & TEXT PRODUCTION

Teil II: Reading Comprehension

TIPP

Start by reading the whole text to grasp its general idea and message. Then go through the comprehension tasks one by one and try to identify the text passages to which the tasks refer. The following points will show you how the tasks can be linked to the text.

1 In task **1**, it is important to note the difference the text makes between experiencing a feeling of anxiety in the face of change, which is natural (cf. ll. 6/7), and the way people deal with this anxiety, which depends on cultural preconceptions (cf. ll. 7/8). As task **1** focuses on how people feel (and not on how they react), the statement is false.

2 For task **2**, the assignment tells you to look out for <u>two</u> reactions. You will find the correct solutions in the descriptions of "a frequent response" (cf. ll. 8–10) and "[a]n alternative response" (cf. ll. 10/11).

3 For task **3**, the relevant text passage is from line 12 to line 16 because "Othering" is defined here. From the given options, some can immediately be discarded, for instance the one that mentions "newcomers in [the] neighborhoods", because the text makes it clear that "Othering" is nothing personal (cf. ll. 12/13, 15/16). Similarly, the press is seen as exerting rather too much influence on people's opinions (cf. ll. 14/15), which speaks against the option that "people fail to inform themselves through the press".

4 "Categorizations" is synonymous with the word "attributes" (l. 20) in the text. The aforementioned "race, religion, nationality or language" (l. 20) clearly are categories. However, the text negates that these themselves can be problematic.

5 Task **5** might seem rather difficult to connect to the text. Chronology can help you. When you have identified the categories for task **4** (cf. ll. 19–22) and can link task **6** to the paragraph starting in line 27 (for a justification cf. the next point), you know that the solution for task **5** can probably be found in-between, in other words, somewhere between line 22 and line 26. This passage can be corroborated as the correct one by connecting the "decision-makers" mentioned in the task to the "power structures" (l. 23) or "society's leaders" (l. 24) in the text.

6 The claim that politicians "used to […] make references to Others […] only in a coded way" (ll. 27/28) shows their past behaviour.

7 Task **7** asks about "President Nixon's initial course of action". So, you should focus on the part of the text when Nixon is first mentioned (cf. "When Nixon began […]", ll. 42–45).

8 "The recent public use of language" (task **8**) is repeated in almost identical words in the text ("[t]he recent rhetoric", l. 51). The negative consequences of this rhetoric are listed in the following lines. That "suspicion and anger [were created] in communities where none had existed before" (ll. 53/54) makes it obvious that "the resurgence of old tensions within society" cannot be the correct choice.

9 The result of "bridging", which is defined as "reaching across to other groups" (ll. 58/59), is mentioned as twofold in lines 66 to 68: it changes us and creates a new society.

	true	false
1 Whether people feel uneasy about social changes depends on their cultural preconceptions.	☐	☑

line 7 (7/8): "It's a natural human reaction (… anxiety is social.)"

2 Common reactions to a transformation within society are to …

☑ exclude certain people.

☑ accept the benefit of such a development.

❶ quotation for the 1st correct statement:

line 9: "to narrowly define … member of society"

❷ quotation for the 2nd correct statement:

line 11 (10/11): "(seeing the change …) regarding the apparent … who we are."

3 Othering takes place when people …

☑ think they might lose their privileged position.

lines 13/14: "It is based … the favoured group."

	true	false
4 Categorizations are the reason why discrimination takes place.	☐	☑

lines 20/21 (20–22): "It is not … are made salient (… they are manipulated.)"

5 Othering is a strategy for decision-makers to …

☑ exert their influence on the public.

line 23: "how it is … and dehumanise groups"

or lines 24/25 (24–26): **"For society's leaders … sense of change (… responses to anxiety.)"**

6 In the past, politicians were less …

☑ openly abusive towards minorities.

line 28 (28/29): "they could make … a coded way (… Muslims", for example.)"

7 President Nixon's initial course of action was to …

☑ address white anxiety concerning the makeup of society.

lines 44/45 (42–45): "(When Nixon began …) because he was … changing social order."

8 The recent public use of language has led to …

☑ animosity between ethnic minorities and the rest of society.

lines 52/53 (51–53): "(The recent rhetoric …) has created a … anger in communities"

9 Reaching out to others leads to …

☑ individual and collective change.

lines 66/67 (66–68): "we not only … change in ourselves (… can all belong.)"

Teil III: Analysis

1 **TIPP**

The analysis task is twofold. In a first step, you must explain what "bridging" means in the context of the article and in a second step, you need to apply the concept to the character of Sue in *Gran Torino*. Then analyse what personal qualities she has that enable her to "bridge".

In the article, "bridging" is defined in contrast to what the author calls "Othering". Thus, it should be explained along those lines.

When you apply the concept of bridging to Sue, you should mention what enables her to bridge – her background, her knowledge and her character – and connect these aspects to examples from the film, in which she reaches out to Walt and builds a relationship (across ethnic lines) with him.

End your analysis with a conclusion in which you briefly sum up your points. You could also point out how Sue is the driving force behind Walt's and Thao's friendship, which forms the basis of the film's plot.

You could include the following points in your answer:

Part I: "bridging" in the article

- "bridging" in contrast to "Othering"
- important aspects of bridging: reaching out to others, being aware of differences but welcoming them, being open to change, finding a common basis in "shared humanity"

Part II: Sue's "bridging" in *Gran Torino*

- "bridging": Sue's contact with Walt who is her opposite in many ways: elderly White American male vs. young Hmong female
- description of Sue's background, knowledge and skills
  - "at home" in two cultures, bilingual, well-educated, close to her family, but also has friendships outside Hmong culture (boyfriend Trey)
  - exemplary scenes: Sue explaining Hmong culture and history to Walt, Sue inviting Walt to family celebration and making him feel at home there
- description of Sue's character
  - self-confidence
  - intelligence
  - humour
  - empathy
  - openness

Conclusion: Sue's behaviour as a perfect example of "bridging"

Part 1: "bridging" in the article
contrast: "Othering"

John A. Powell's article "Us vs Them: the Sinister Techniques of 'Othering' – and How to Avoid Them", published in *The Guardian* in November 2017, talks about how societies react to sudden changes and to the anxieties these changes cause. With a special focus on American society, Powell juxtaposes what he calls "Othering" – the rhetorical technique of dehumanising certain groups (cf. l. 23) and depicting them as a threat to the already established "in-group" (cf. ll. 13/14) – and the contrary approach of "bridging".

definition of "bridging"

Unlike "Othering", which is what populist politicians do to divide society in order to secure their own leadership, "bridging" is the attempt to overcome divisions in order to build a more inclusive society. "Bridging" is based on the idea that, besides their differences, all human beings have some fundamental things in common, something the quote calls an "inherent, shared humanity" (l. 59). In other words, people who "bridge" initiate contacts with people of different cultural and ethnic origins and try to overcome the trenches drawn by right-wing populists (cf. ll. 58/59). According to Powell, "bridging" does not mean "saming" (cf. l. 68). People who "bridge" are aware of the differences between groups, but they acknowledge them and see them as something positive, as an enrichment (cf. ll. 10/11,

69/70). They are open to change and cooperate in creating a society in which everyone can develop a sense of belonging (cf. ll. 66–68).

Part 2: Sue's "bridging" in *Gran Torino*
Sue's contact with Walt, her "opposite"

In Clint Eastwood's *Gran Torino*, Sue is the character that builds bridges between herself and her family and their neighbour Walt, who in so many ways is her opposite: she is of Hmong origin, he is Polish-American; she is a young open-minded female, he is an old, narrow-minded male who, at the beginning of the film, seems to be hardened in his chauvinism and his contempt of everything Asian. That he turns into a friend of the Hmong family next door and a hero of the Hmong neighbourhood is mainly due to Sue's ability to overcome the initially deep gap between them. What enables her to do so?

Sue's background, knowledge and skills

Sue is a second-generation immigrant who has grown up with the American culture, goes to college and has a White American boyfriend. Still, she lives the Hmong culture at home and knows about their traditions and history. She speaks both languages, English and Hmong, which is why she can interpret the conversations when Walt meets her older family members, thus providing a communicative basis. In short, one can say that she has the best of both worlds and navigates between them more or less seamlessly. After the initial contact with Walt is established, her knowledge of Hmong and American culture enables her to explain the Hmong traditions to him while also taking into account and understanding his needs. One scene in which this becomes clear is the family celebration to which she invites Walt. She is not put off by his rude behaviour which is partly due to his ignorance and insecurity in such a foreign environment, but patiently manages to make him feel welcome and even gradually change his mind, for instance towards the shaman, whose words he truly takes to heart.

Sue's character

Apart from the knowledge she acquired growing up in two cultures which are both native to her, it is also her character that makes her Walt's perfect counterpart. She is self-confident, persistent and witty. So, she is not intimidated by Walt's initial rudeness but stands her ground. Her charm and her sense of humour draw him into conversations full of irony on both sides. She challenges his wit and banters with him in a way that he only knows from his male White friends. Furthermore, she also recognises Walt's loneliness. She includes him in her family and also lays the ground for the friendship between Thao and Walt by explaining to Walt why Thao behaves in such a seemingly disrespectful way. Finally, her openness breaks through Walt's armour and promotes his willingness to support Thao's attempts to become a respected member of American society.

Conclusion

To sum up, it is Sue's background of two cultures as well as her personality that enable her to "bridge". It is her initiative that finally brings about a mutual understanding between Walt and his Hmong neighbours. More specifically, it is Sue who helps Walt and Thao to develop trust in each other and a deep sense of belonging, cumulating in Walt's self-sacrifice and Thao's finding a home in American society. *(745 words)*

Teil III: Composition

2a **TIPP**

For your assessment, you must consider several aspects. The task talks about "different kinds of loss", which means that you are to name several categories where Silas loses something. Illustrate these with examples from the novel. In a second step, you should describe in which way these losses affect Silas and how he deals with them. Finally, you are asked to assess his behaviour. It makes sense to consider his behaviour from a psychological as well as a moral point of view, because Silas's experiences have a negative effect on his psyche as well as on the way he treats the people around him. It seems reasonable to combine all three steps, a description of the kind of loss Silas experiences, his resulting behaviour and the assessment thereof, for each kind of loss in a separate paragraph.

In your conclusion, you can sum up your findings. You could also use the open ending of the novel to give an outlook on how Silas seems to finally overcome his immaturity and find a better way of dealing with the losses he experienced.

You could structure your text in the following way:

Introduction: the experience of losses in Silas's youth has had an impact on his personality

Main part: the different kinds of losses in Silas's life, how he deals with them and how his behaviour can be assessed

- loss of home and security: Silas must leave Chicago where he felt he belonged
  - reaction: Silas's desperation and humiliation culminate in him running away, conflict with his mother
  - assessment: loss of security traumatising for an adolescent, could explain his later troubles with stable relationships
- loss of friendship: forced fight between Larry and Silas and "nigger" insult end the boys' friendship
  - reaction: Silas breaks with Larry, overcompensation with his popularity due to baseball talent
  - assessment: Silas's fury understandable because of widespread racism and the hurt connected with it, however, Silas's refusal to mend things with Larry hurting both boys/men

- loss of honesty: Silas does not own up to having been with Cindy the night she disappears, destroying Larry's life
  - reaction: running away from his guilt, even Silas himself seems to realise at some point that he has acted irresponsibly and selfishly
  - assessment:
    - Silas's initial reaction understandable (feeling of being owed his baseball career and fear of being attacked for his mixed-race relationship)
    - but morally wrong and an immature reaction for an adult to keep his silence

Conclusion: outlook on Silas's character development

Introduction

Silas, one of the two protagonists in *Crooked Letter, Crooked Letter*, has to deal with loss in different forms from a very early age. These experiences in his childhood and adolescence have a deep impact on his development, and in a way, even form his character as an adult. While many of his initial reactions to the losses he experiences might be understandable, the ending of the novel makes it clear that his way of dealing with the past needs to improve.

Main part: loss of home and security

The first possibly traumatising loss for Silas is the loss of his childhood home in Chicago. He used to live in an all-Black neighbourhood where he felt he belonged. The sudden arrest of his mother's boyfriend Oliver and their journey to the South, which almost seems like an escape, end this phase of relative security in Silas's life.

reaction

Silas is too young to really understand what is going on and is even more disturbed by the lack of a reasonable explanation from his mother for this decision to go to a place completely foreign to him. On the journey, Silas even suspects that because of their desperate situation, his mother might have to prostitute herself simply to get them a lift, and he snaps: he tries to run away, hiding in a dark corner, only to be robbed by two youths. On top of everything else, this also leaves a crack in Silas's relationship with his mother, who goes so far as to ask her son to sit in another booth in the restaurant because she is so disappointed in him.

assessment

Naturally, this loss of his home, their possessions and the security of a hitherto unquestioned bond between mother and son traumatises him. Maybe his later tendency to avoid any really intimate relationships is a result of that experience.

loss of friendship

In Chabot, the first friend Silas makes is Larry, who helps him to regain some sense of belonging by roaming the wilderness with him, teaching Silas how to use a gun and a fishing tackle. Even though their friendship is rather unbalanced, because Larry is far more interested in it than Silas, it comes as another deeply felt loss for Silas when Carl Ott forces the two boys to fight for his gun and puts their friendship to an end. Again, this loss is combined with a psychological injury and humiliation: during their fight, Larry, who is physically inferior and sees no chance to defend himself, insults Silas with the "n-word", which provokes Silas to hit him even harder.

reaction

After the fight, Silas breaks with Larry completely. His focus on his blossoming baseball career and the friends he makes in that environment can be seen as on overcompensation for his earlier losses and as a desperate attempt to belong.

assessment

On the one hand, Silas's fury is completely understandable. As an African American boy, who has grown up in poverty, he must feel like he is always at the receiving end of racism and injustice. Consequently, he thinks that the privileged "mummy's boy" Larry does not deserve his friendship any longer. However, in the further course of the novel, Silas's refusal to mend things with Larry has catastrophic consequences and deeply hurts both of them.

loss of honesty

These catastrophic consequences become apparent when Silas decides not to tell the truth about the night Cindy disappears. He does not exonerate Larry and thereby factually destroys Larry's and his family's life. Furthermore, he obstructs the police investigation and the true murderer can never be brought to justice. Even later on, when he is back in Chabot, he keeps his silence and only breaks it reluctantly when another girl is missing and Larry is again the main suspect.

reaction

Silas's immediate reaction shows that he himself seems to realise that he has now crossed a line and has lost something very important, namely his integrity: he leaves Chabot for university and returns as seldom as possible. In other words, he is running away from his guilt.

assessment

For some time, Silas's feeling of being owed his baseball career and his not wanting to risk his one chance at success might seem understandable. The way he would probably be attacked for his mixed-race relationship with Cindy would be outrageous, which is why he can certainly be seen as a victim of a racist system rather than the guilty party for not telling the truth. Yet, while his silence over all those years might not make him guilty in a legal sense, his complete disregard for Larry's undeserved ostracism can certainly be described as an utter moral failure. What could be excused as an instinctive reaction in a child shunning punishment must be seen as irresponsible and morally wrong in an adult.

Conclusion

Silas experiences different kinds of loss – the loss of his childhood home, the loss of a friend and finally the loss of his honesty. As a child and adolescent, he fails to find an adequate way of dealing with these experiences. He tries to run away and represses his feelings of bereavement and shame. He also ignores the fact that he might share a part of the responsibility in some of his losses. Silas ends up as quite a sociable and likeable person and as the respected constable of Chabot, but he remains a somewhat immature character. Only in the end, when he tells the police that Larry had nothing to do with Cindy's disappearance and when he tries to make amends for what he did, does he seem to have found a more mature way of dealing with the complex feelings of loss and mortification that have built up over the course of his life. *(939 words)*

2b **TIPP**

In a first step, you must explain Ramos's statement. So, have a close look at each of the terms he uses and say what they mean or what they refer to.

In a second step, you are to discuss whether Ramos's definition can be applied to the US. If you are to discuss a thesis, it is important to name arguments for as well as against it and to come to a convincing conclusion.

The following structure and arguments have been used in this solution:

Introduction: explanation of quote

Main part 1: different definitions of greatness
- greatness as power
- greatness from a "moral" perspective

Main part 2: discussion of whether the USA is a great nation in this sense
- **arguments for the USA being a "great nation":**
  - spirit of generosity and attempts to outbalance inequalities
  - breeding ground for social justice movements like Civil Rights Movement, Black Lives Matter, etc.
- **arguments against the USA being a "great nation":**
  - lack of social care systems, gigantic gap between rich and poor
  - minorities disadvantaged and discriminated against in many aspects of life (economic, legal, political)

Conclusion: ambivalent picture of the US; recent tendency for the better

Introduction

"The greatest nations are defined by how they treat their weakest inhabitants." This statement by the Mexican-American journalist Jorge Ramos, which he made in 2010, questions traditional concepts of a "great nation" by putting the emphasis on solidarity and not on superiority.

Main part 1: different definitions of "greatness"

Ideas of "greatness" in a nation will always vary because they depend on personal opinions and political attitudes. However, people who talk about great nations more often than not think of power. The greatest nations are those who have considerable military strength or are admired for their economic potency.

From another viewpoint, however, a nation could also be called "great" because it has a fair political system, or it is exemplary and honourable in respect to the values it endorses. It is within this framework that Ramos seems to define "greatness". For him, it is important that those people that are weak in a socio-economic, political or legal sense, for instance unemployed people, members of minorities, people with disability, or also children, are treated in a fair way. Interestingly, Ramos does not speak of the weakest citizens, but of the weakest inhabitants, which means that he also includes people like undocumented immigrants among the groups who need solidarity and support from a nation that wants to be considered as great.

Main part 2: discussion of whether the USA is a "great nation"

Is the USA a great nation in this sense? Since the American Revolution, the country has seen itself as a nation that is superior to others because its founding was based on ideas like liberty and equality before the law as well as equal opportunities for everyone. The US traditionally welcomed every immigrant, granting a free pursuit of happiness to those who came to its shore. For example, the engraving on the Statue of Liberty reads, "Give me your tired, your poor", thereby explicitly addressing the poorest and weakest people and promising them hope.

In the course of its history, however, the political reality in the US has not always lived up to these ideals of the Founding Fathers and the promises of the American Dream, and it is a legitimate question to ask if the US is still a great nation as Ramos defined it. Particularly in the light of Donald Trump's presidency, who claimed to "make America great again", it has become obvious that there are conflicting ideas as to what makes a nation truly great. Does the US still practise solidarity with the weak and support those that cannot help themselves?

arguments for the USA being a "great nation": attempts to outbalance inequality

The US has a long history of philanthropists and benefactors whose donations helped many poor Americans to attend good schools through scholarships or to cover their basic needs. In order to give people who belong to a minority group better chances of getting a good education or a living, the US has furthermore introduced the principle of "affirmative action".

USA as breeding ground for social justice movements

Besides these forms of legal and financial support, many political movements have arisen in the USA that fought for equality and civil rights for everyone, especially for those whose voices are too weak to be heard. The latest example of such a movement is "Black Lives Matter", which condemns police violence against African Americans and has developed into a worldwide phenomenon. In a way, the US is a great nation, because it has always been the birthplace of political movements that have become the model for other nations around the world.

However, the kind of greatness that Trump tried to reinstall seems to go in the opposite direction. Despite generous donations, the US does not provide sufficient social security for its citizens: Particularly among conservative political groups, the belief is widespread that a governmentally organised health care system or unemployment benefits contradict ideas of freedom and self-determination. Coupled with very high fees for universities, this results in only the rich being able to afford the luxury of a good education, thereby securing the best jobs and becoming even richer, whereas others are caught in a vicious circle of poverty from which it is almost impossible to break free.

arguments against the USA being a "great nation": lack of social security and gap between rich and poor

There is still a lot of financial, legal and political inequality, especially along ethnic lines. Programmes, such as "affirmative action", often seem like nothing more than lip service and the mere necessity of a movement like "Black Lives Matter" highlights the above-mentioned imbalances. Furthermore, Trump and other conservative politicians have always tried to reverse or block measures, such as DACA, which offer support to one of the weakest groups in society that is especially worthy of protection, namely the children of illegal immigrant families. In this light, the US cannot be described as ranking among the greatest nations as Ramos defines them.

minorities disadvantaged and discriminated against

A final verdict can only be an ambivalent one. The US has a tradition of welcoming and supporting the weakest as well as a tradition of treating them badly. With Joe Biden's new administration, it seems as if the support of the weakest has become more popular again. Maybe Biden and those forces in American society that support him will make America great again – in Jorge Ramos's sense.

Conclusion

(833 words)

Baden-Württemberg ▪ Leistungsfach Englisch
Schriftliche Abiturprüfung 2022

Um Ihnen die Prüfung 2022 schnellstmöglich zur Verfügung stellen zu können, bringen wir sie in digitaler Form heraus.

Sobald die Original-Prüfungsaufgaben 2022 freigegeben sind, können sie als PDF auf der Plattform **MyStark** heruntergeladen werden (Zugangscode vgl. Farbseiten vorne im Buch).

Prüfung 2022

www.stark-verlag.de/mystark